Kristiane Müller-Urban . Eberhard Urban

Das Goldene Zeitalter der Eisenbahn

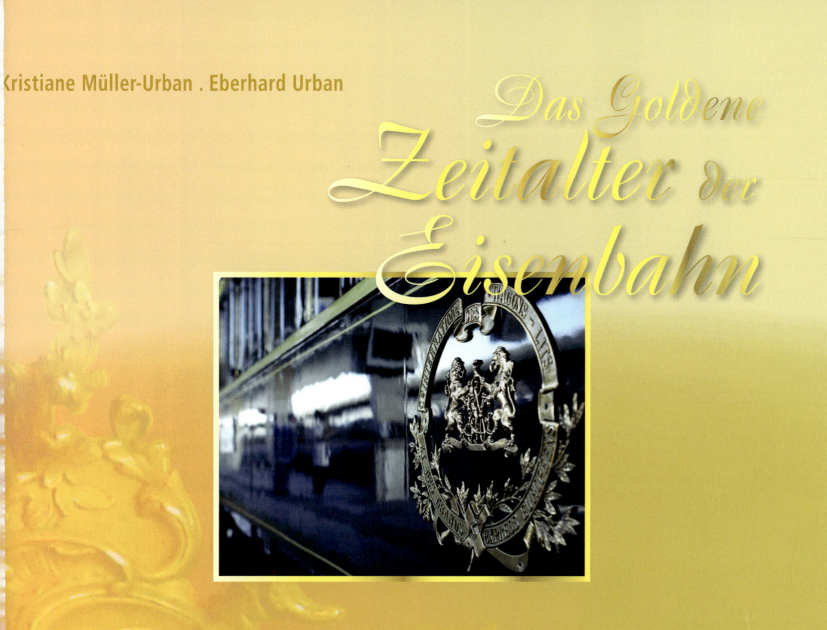

Die Epoche der Luxuszüge

Einbandgestaltung: Kornelia Erlewein/Luis dos Santos
Fotos (3): © DOOKPHOTO/Rovos Rail/Lernidee Erlebnisreisen

Rückseite: © Belmond Ltd./Foto Martin Scott Powell (Grand Suite Paris u. Außenansicht des Venice Simplon Orient Express); Eberhard Urban (TEE); Sammlung Urban (Plakat)

Bildnachweis:
AKE-Rheingold, Gerolstein 45 o./Rolf Simmerer 46 re. o./Marcus Herold 46 u./ Yannick Kruse 47 | Alegroreisen Seidel & Lippmann, Berlin/© Palace on Wheels 116 Mi., re./© The Golden Chariot 117 | bahnurlaub.de, Waldmohr/Jean Paul Ketterer 94, 95, 96 re. u./Urs Jossi 96 li., 97 u./Christian Ticar 96 re. o. | Bayerisches Eisenbahnmuseum Nördlingen/Holger Graf 77 | Carl Bellingrodt, Slg. H.-G. Kleine, Archiv transpress: S. 81 | Otto Blaschke: S. 84 o. | CRD International GmbH, Hamburg/ © VIA Rail 131-133/© Rocky Mountaineer 134-135 | Udo Christ, Offenbach am Main 30 o., 79 re. | DB Deutsche Bahn Mediathek/Uwe Niklas 85/Oliver Lang 152/153 u., 159/Bartlomiej Banaszak 153 o./Kai Michael Neuhold 154 li./Uwe Miethe 155 o., 156 u./Frank Barteld 156 o./Jürgen Brefort 158 li. o./Volker Emersleben 158 re. o. | Volker Emersleben: S. 88 | Stephan Goldmann/myhighlands.de 103-105 | harzlife.de, Frank L. Mikolajczyk, Blankenburg 143-146 | Japan Railways – East 121 | Uwe Jarchow Atelier, Bad Schwartau 8, 10, 12 li., 14 li., 15 re., 59 u., 73 u. | Jürgen Krantz: S. 2 (3), 85 u., 87 l., 87 o. (Slg. Krantz) | Lernidee Erlebnisreisen GmbH, Berlin Cover, 38, 39, 92 o., 93 li., 97 o., 98-102, 106-115/Thomas Lebie 109 Mi.u./Georgiy Konyushkin 109 re.o./Ross Hillier 111 re.o./Roland Jung 112 o./Jens Frank 112 u./Rafael Chiawa 116 li./Marlen Peix 118 u., 118-120, 122-130,/Jakob Rastetter 129 o., 136-141 | Locomore, Berlin 88, 89 | picture-alliance S. 25 l. (picture alliance / AP), 25 r. (picture alliance / AP), 26 (picture-alliance / akg-images), 27 (picture-alliance / IMAGNO/Austrian Archives), 28 o. r. (picture-alliance / akg-images), 33 u. (picture-alliance/ dpa), 36 o. (picture alliance / Mary Evans Picture Library), 36 u. (picture-alliance / PAP), 40 (picture-alliance / dpa), 41 (picture-alliance / dpa), 43 (picture alliance / Fritz Fischer), 44 (picture alliance / Horst Ossinger), 49 (picture-alliance / Mary Evans Picture Library), 50 (picture-alliance / United Archives/TopFoto), 60 (picture-alliance / United Archives/TopFoto), 61 (picture-alliance / dpa), 62 (picture-alliance / John Gay/English Heritage.NMR/Ma), 64 (picture-alliance / IMAGNO/ Austrian Archives (S)) 66 (picture alliance / Heritage Images), 67 (picture alliance / bianchetti/Leemage), 70 (picture alliance / CPA Media Co. Ltd), 71 (picture alliance / Anka Agency International), 72 (picture alliance / AP), 75 (picture-alliance / (c) Illustrated London News Ltd), 82 (picture-alliance/ dpa) | Rhätische Bahn, Chur/© RhB/Peter Donatzsch 92 u., /© RhB/Reinhard Fasching 93 re. | Helmut Säuberlich: S. 3 u. r., 4 (3), 5 l., 6, 42 r. | Tourist-Info Triberg © Stadtverwaltung Triberg/Jogi Ritter 149 | Eberhard Urban, Offenbach am Main 11 li., 13, 20, 21, 26 li., 28, re. u., 29, 30 u., 31, 46 li., 76, 78 re., 79 li., 80, 81, 83 re., 84, 152 li., 153 re. u., 155 u., 157, 158 u. |

alle anderen Bilder: Archiv Urban

Eine Haftung des Autors oder des Verlages und seiner Beauftragten für Personen-, Sach- und Vermögensschäden ist ausgeschlossen.

ISBN 978-3-613-71672-8

Copyright © 2022 by transpress Verlag, Postfach 10 37 43, 70032 Stuttgart.
Ein Unternehmen der Paul Pietsch Verlage GmbH & Co. KG

Sonderausgabe 1. Auflage 2022

Sie finden uns im Internet unter www.transpress.de

Nachdruck, auch einzelner Teile, ist verboten. Das Urheberrecht und sämtliche weiteren Rechte sind dem Verlag vorbehalten. Übersetzung, Speicherung, Vervielfältigung und Verbreitung einschließlich Übernahme auf elektronische Datenträger wie DVD, CD-ROM usw. sowie Einspeicherung in elektronische Medien wie Internet usw. ist ohne vorherige schriftliche Genehmigung des Verlages unzulässig und strafbar.

Lektor: Hartmut Lange
Innengestaltung: grafik+design Erlewein
Repro: grafik+design Erlewein
Druck und Bindung: Graspo, CZ-76302 Zlin
Printed in Czech Republic

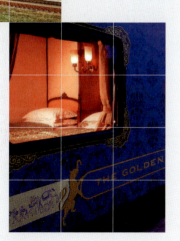

Vorwort 6

Das Eiserne Zeitalter der Eisenbahn 8

Das Goldene Zeitalter der Eisenbahn 18
Pullman und Nagelmackers – Pioniere
des Luxusreisens 22
MITROPA gegen CIWL 26

Die Epoche der Luxuszüge 32
Orient-Express 32
Rheingold 40
Golden Arrow – Flèche d'Or –
London – Calais – Paris 48
PLM Express ans Mittelmeer 52
Rete Mediterranea – Urlaubsziel
italienisches Mittelmeer 56
Die britischen Big Four:
GWR, LNER, LMS, SR 58
Canadian Pacific Railway 66
USA The American Railway 70
Die Deutsche Reichsbahn
in den 1930er Jahren 76

Das Ende des Goldenen Zeitalters 80
Über Grenzen hinweg 82
Über die Grenzen im Osten hinweg 86
Bahnfahren im Retrodesign: Der Locomore 88

Außergewöhnliche Erlebnisse:
Reisen mit Luxuszügen und Nostalgiezügen
in aller Welt 91
Schweiz 92
Spanien 98
Schottland und Irland 101
Polen 108
Russland 109
Asien 112
Malaysia 114
Indien 115
China 118
Japan 120
Australien 122
Neuseeland 125
Südafrika 127
Nordamerika 131
Kanada 133
USA 136
Lateinamerika 138

Gemütlich mit Dampf und schnell mit Hoch-
geschwindigkeit 142
TGV – der französische Hochgeschwindig-
keitszug 150
Mit den deutschen ICE-Zügen in die Zukunft 154
Adressen 159
Bildnachweis 2

Vorwort

Diesen Komfort genoss die Dame von Welt noch Anno 1951 im Schlafwagen. Nach der Abendtoilette folgte in gediegener Atmosphäre noch die Lektüre der wichtigsten Neuigkeiten.

Die Kennzeichnung der Lokomotiven

DIE EISENBAHN HAT DIE WELT VERÄNDERT. Die Züge auf eisernen Schienenwegen transportieren Personen und Güter in einem Umfang und mit einer Geschwindigkeit, die vorher nicht vorstellbar waren. Damit beförderte die Eisenbahn – ein Begriff, der das gesamte System dieses Verkehrsmittels zusammenfasst – auch den Fortschritt und die allgemeine technische Entwicklung. Trassen, Tunnel, Brücken und Viadukte veränderten die Landschaften, Bahnhöfe die Stadtbilder. Mit der Eisenbahn änderten sich die Arbeit und die Freizeit der Menschen. Die Fabrikation von Lokomotiven und die Errichtung der Schienenwege bildeten die Grundlage für riesige Aktiengesellschaften. So gaben die Eisenbahnen der Konzentration des Kapitals einen vorher nie geahnten Anstoß und trugen auch zur Beschleunigung und mächtigen Steigerung der globalen Aktivität des Leihkapitals bei. Technisch, ökonomisch und gesellschaftlich war ein neues Zeitalter geschaffen worden. Es war das Goldene Zeitalter der Eisenbahn.

Zugleich erfuhren immer mehr Menschen auf Eisenbahnreisen ihre Umwelt und weite Teile der Welt. Waren früher die Reisen mit Postkutschen mühselige, beschwerliche und zeitraubende Anstrengungen gewesen, so waren nun die Zugfahrten schnell, sicher und preisgünstig. Und für eine gehobene Klientel wurden Luxuszüge gebaut und eingesetzt. Trotz der späteren Verkehrsmittel wie Automobil und Flugzeug hat die Eisenbahn ihren besonderen Reiz nie verloren. Die berühmten Züge aus der Geschichte der Eisenbahn sind immer noch oder wieder in aller Welt auf großer Fahrt. Diesen legendären und einigen musealen Zügen ist ein Teil dieses Buches gewidmet. So ist dieses Buch auch ein unverzichtbarer Ratgeber für besondere und unvergessliche Bahnreisen in aller Welt; die Nennung von Reiseveranstaltern hilft, den Traum vom Goldenen Zeitalter der Eisenbahn in der Gegenwart Wirklichkeit werden zu lassen.

Ohne die Hilfe vieler lieber Menschen und freundlicher Institutionen und Firmen, die in den Texten und im Bildnachweis genannt sind, hätte dieses Buch nicht entstehen können. Besonderer Dank an Uwe Jarchow für seine exakten grafischen Lokomotiv-Rekonstruktionen. Nicht zuletzt danken wir der Verlegerin, Frau Dr. Patricia Scholten, die dieses Buch verlegt, und dem Lektor Hartmut Lange für seine Kompetenz und Freundlichkeit und Kornelia Erlewein für die exzellente Gestaltung des Buches.

Kristiane Müller-Urban . Eberhard Urban

erfolgt durch die Achsfolge von vorn nach hinten. Laufachsen ohne Treibstangen werden mit arabischen Ziffern bezeichnet, angetriebene und Kuppelachsen mit Großbuchstaben. Im Hauptrahmen bewegliche Achsen sind mit einem ' gekennzeichnet. Die beigestellten Abkürzungen, die der weiteren Definition dienen, bedeuten n = Nassdampf, h = Heißdampf, die arabische Ziffer gibt die Anzahl der Zylinder an, das kleine v ist der Hinweis auf eine Verbundmaschine, das t bedeutet, dass es sich um eine Tenderlokomotive handelt.

So sagt zum Beispiel die Bezeichnung 2'C1' h4v, dass diese Lok zwei vordere Laufachsen hat, die beweglich sind, dass drei angetriebene oder Kuppelachsen und eine hintere bewegliche Laufachse vorhanden sind, dass sie ein Heißdampf-Verbundtriebwerk mit vier Zylindern hat.

Bei Elektro- und Dieselloks wird die Anzahl der Treibachsen, die einzeln angetrieben werden, mit einem zusätzlichen o bezeichnet; zum Beispiel Co = 3 Treibachsen, einzeln angetrieben.

Das EISERNE ZEITALTER der EISENBAHN

Die erste Lokomotive auf Schienen, Konstruktion von Richard Trevithick 1803/1804.

Die Entwicklung in Britannien

ABWEICHEND VON DER ANTIKEN AUFFASSUNG von der Abfolge der Zeitalter, die mit dem glücklichen und paradiesischen Goldenen Zeitalter der Urgesellschaft beginnt und nach mehreren Zwischenstufen zum Chaos des Eisernen Zeitalters führt und nach dessen Überwindung auf höherer Stufe ein neues Goldenes Zeitalter beginnt, fängt die Geschichte der Eisenbahn mit einem Eisernen Zeitalter an.

Schienenwege bieten zwei große Vorteile: Steuerungsfreiheit und Reduzierung der Reibung. Frühe Kulturen machten sich schon diese Vorteile zunutze; in den Felsgrund geschliffene Schienen sind zum Beispiel in Griechenland und auf Malta erhalten. Das Wissen um diese Technologie ging für lange Zeit verloren. Erst um das Jahr 1500 entdeckte man in Deutschland die Nützlichkeit von Schienenwegen wieder. Auf hölzernen Schienen liefen die Karren in den engen Stollen der Bergwerke, von Pferde- oder Menschenkraft, oft von der von Kindern, angetrieben. Pferdebahnen führten bald in England von den Kohlegruben zu den Häfen. Das damals größte Schienennetz entstand ab 1600 in den Kohlefeldern von Newcastel-upon-Tyne. Eine wichtige Verbesserung war ab 1750 die Ersetzung der hölzernen Wagenräder durch gusseiserne, eine weitere die Herstellung eiserner Schienen ab 1767.

Die Nutzung der Dampfkraft als Antriebskraft für Schienenfahrzeuge brachte schließlich den Durchbruch. Nach vielen Experimenten verschiedener Techniker hatte James Watt 1765 die erste richtig funktionierende Dampfmaschine erfunden. Nun bastelten Konstrukteure an selbstfahrenden Dampfmaschinen. Nicolas Cugnot in Frankreich gelang es 1769, eine Dampfmaschine auf Rädern fahren zu lassen. William Murdoch, ein Schüler von Watt, baute 1784 ein Modell eines dampfgetriebenen Fahrzeugs. Ab 1796 konstruierte auch Richard Trevithick Modelle dampfgetriebener Fahrzeuge. 1802 baute er eine Straßenlokomotive, im Jahr darauf begann er mit dem Bau einer neuen Lokomotive – der ersten, die auf Schienen fahren sollte. Am 13. Februar 1804 fand die erfolgreiche Probefahrt statt.

Diese etwa 4.250 mm lange Lokomotive mit Schwungrad, hier von Uwe Jarchow nach den überlieferten Konstruktionszeichnungen rekonstruiert, zog einen Zug mit fünf Waggons, beladen mit zehn Tonnen Eisenerz und 70 Fahrgästen, über eine Strecke von ungefähr 15 Kilometern mit einer Geschwindigkeit von 8 km/h. Der Schienenweg von Pen-y-Darran nach Abercynon in Wales war nach der Fahrt allerdings zerstört. Die Lokomotive wurde fortan als stationäre Dampfmaschine benutzt.

Achim von Arnim, der deutsche romantische Dichter, hatte auf seiner Europareise auch Britannien besucht und hatte die eisernen Bahnen gesehen. 1803 dichtete er die Verse über »Eiserne Wege«:

»Jenem bahnet das Schwerdt den Weg und diesem der Spaten, / Wo die Wege noch schlecht, legen wir eiserne Spur, / Wo er vom Flusse gesperrt, da spannen wir eiserne Brücken, / Also ein eiserner Will schaffet sich immer den Weg.«

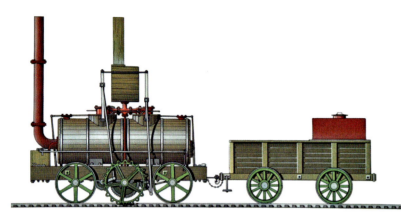

Eine der beiden Blenkinsop-Lokomotiven von 1811/1812 in der Jarchow-Rekonstruktion.

Eine Lokomotive des Typs »Puffing Billy«, Baujahr 1813, nach dem Umbau um 1830.

1808 baute Trevithick eine Lokomotive, die den Namen »Catch Me Who Can« erhielt und in London im Kreis herumfuhr; für 1 Shilling konnten sich Passagiere das Vergnügen einer Eisenbahnfahrt gönnen. Mit einer Lizenz von Trevithick konstruierte John Blenkinsop, Inspektor der Kohlengruben von Leeds, für die Middleton-Kohlenbahn eigene Lokomotiven. Die Eisengießerei Murray erhielt 1811 den Auftrag zum Bau. Es wurden zwei Dampfzylinder verwendet statt des einen Zylinders der Trevithick-Maschine; so wurde das Schwungrad entbehrlich. Das Gewicht wurde auf fünf Tonnen verringert. Zahnräder glichen die Verminderung der Reibung aus. Blenkinsop ließ zwei Lokomotiven bauen, die »Prince Regent« und die »Salamanca«. Am 12. August 1812 wurde der reguläre Transport von Kohle auf der Middleton-Kohlebahn aufgenommen.

Verschiedene Konstrukteure versuchten sich im Lokomotivbau. So auch die Herren Timothy Hackworth, Vorarbeiter der Schmiede, und William Hedley, Grubenaufseher der Zeche in Wylam. Für diese Zeche hatte der Ingenieur Christopher Blackett eine Maschine bei Trevithick bestellt. Da sie nicht geliefert werden konnte, entwarf Hedley eine eigene Lokomotive, die Hackworth verbesserte. Neben der ersten Wylam-Lokomotive von 1813, die den hübschen Namen »Puffing Billy« erhalten hatte, tat bald eine zweite ihren Dienst, die »Wylam Dilly«. Weitere Maschinen dieses Typs wurden gebaut. Im Jahr 1862 wurde die Wylam Kohlenbahn von der Spurweite 1525 auf die nun bald als Regelspur geltende Weite von 1435 mm umgestellt. »Puffing Billy« und seine Verwandten wurden außer Dienst gestellt.

Die Arbeit von Hedley und Hackworth wurde von einem Mann aufmerksam beobachtet, der 1781 in einem Haus geboren wurde, das heute noch neben der Bahnlinie von Wylam steht. Dieser Mann war George Stephenson, Sohn eines Grubenarbeiters. Er wurde 1813 zum Ingenieur der Killingworth-Werkbahn ernannt, um Lokomotiven zu bauen. In der Nachfolge der Middleton-Maschine konstruierte er 1814 die »Mylord«, die wegen der britisch-deutschen Waffenbrüderschaft gegen Napoleon in »Blücher« umbenannt wurde. Ein Jahr später baute Stephenson die »Killingworth«, die ihre Konstruktion den Trevithick-Maschinen verdankte. Die wesentliche Weiterentwicklung bestand in der Verwendung von Kolben- und Kuppelstangen, die die Übertragung des Antriebs durch Zahnräder ersetzte.

1821 wurde Stephenson leitender Ingenieur der Stockton and Darlington Railway. Hier setzte er den Einsatz von Lokomotiven auf der Eisenbahn durch; die Züge wurden bislang von Pferden gezogen.

Stephensons Sohn Robert half beim Bau der ersten Lokomotive für eine öffentliche Eisenbahn. Diese 7.315 mm lange Lokomotive mit zwei Zylindern, die Nr. 1 der Eisenbahngesellschaft von Stockton and Darlington, hieß »Locomotion« und war eine Weiterentwicklung der Killingworth-Maschine, die mit fünf Exemplaren auf der Hetton-Strecke in Dienst war. Die Eröffnungsfahrt fand am 27. September 1825 statt. Die »Locomotion« zog 22 Wagen hinter sich her; bis

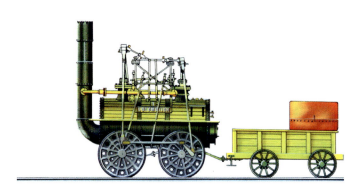
Die »Locomotion«, eine Schöpfung von George und Robert Stephenson, 1825.

Zu den bedeutendsten Bauwerken der ersten Phase des Eisenbahnbaus in Deutschland zählte der 1851 eingeweihte Göltzschtalviadukt – bis heute die größte Ziegelbrücke der Welt.

auf einen waren sie offen und mit provisorischen Sitzen versehen. 300 Fahrkarten waren ausgegeben worden, aber viel mehr Fahrgäste hatten sich in die Wagen gedrängt. Vor dem Zug galoppierte ein Reiter mit Warnflagge, den Stephenson im Führerstand mit einem Pfeifsignal von den Gleisen scheuchte. In Stockton wurde der Zug von 40.000 Menschen und 21 Schüssen Salut begrüßt.

Von 1850 bis 1857 fand die »Locomotion« Verwendung als stationäre Zechenpumpe. Inzwischen rekonstruiert steht sie als Denkmal im Bahnhof Darlington.

George Stephenson wehrte sich dagegen, als Erfinder der Lokomotive genannt zu werden: »Die Lokomotive ist nicht die Erfindung eines einzelnen, sondern die einer ganzen Generation von Ingenieuren.« Stephenson, der 1823 eine eigene Lokomotivfabrik gegründet hatte, konnte auf die Mitarbeit seines Sohnes Robert und seines Neffen George rechnen und lieferte Lokomotiven in alle Welt.

Die Entwicklung in Deutschland

»MIR IST NICHT BANGE, DASS DEUTSCHLAND NICHT EINS WERDE; UNSERE GUTEN CHAUSSEEN UND KÜNFTIGEN EISENBAHNEN WERDEN SCHON DAS IHRIGE TUN.« Als der Dichter und Politiker Johann Wolfgang von Goethe diese Überzeugung 1828 gegenüber seinem Vertrauten und Sekretär Johann Peter Eckermann aussprach, waren es noch fünf Jahre, bis Friedrich List mit seiner Schrift »Über ein sächsisches Eisenbahn-System als Grundlage eines allgemeinen deutschen Eisenbahn-Systems und insbesondere über die Anlegung einer Eisenbahn von Leipzig nach Dresden« für eine einheitliche deutsche Nationalökonomie werben konnte.

Friedrich Wilhelm Harkort gründete 1819 die Mechanische Werkstätte Harkort & Co. und führte den englischen Maschinenbau in Deutschland ein. Schon vor 1825, dem Jahr, in dem zwischen Stockton und Darlington die erste öffentliche englische Eisenbahn fuhr, beschäftigte sich Harkort mit einer Eisenbahnverbindung zwischen dem Rheinland und den Häfen an Ems und Weser. Die erste deutsche Eisenbahn sollte nach Harkorts Ideen von Minden zunächst nach Lippstadt führen. 1826 nahm Harkort eine kleine Dampfeisenbahn im Garten seines Hauses zu Elberfeld in Betrieb, um Öffentlichkeit und Behörden von der Machbarkeit und Nützlichkeit der Züge auf Schienen zu überzeugen. Und er beantragte die Konzession zum Bau und Betrieb einer Eisenbahn von Elberfeld nach Essen-Steele. Die Genehmigung wurde ihm verweigert.

1833 verfasste Harkort eine Denkschrift zu einer Eisenbahn von Minden nach Köln als Anfang eines westfälischen und schließlich deutschen Schienennetzes. Bürokraten legten die Schrift zu den Akten. Zwei Jahre später fuhr die erste deutsche Eisenbahn von Nürnberg nach Fürth.

Die erste deutsche Eisenbahn

DER INGENIEUR JOSEPH RITTER VON BAADER, seit 1815 Inhaber des ersten deutschen Eisenbahnpatents, hatte schon seit 1807 Vorschläge für eine Eisenbahn unterbreitet und die Strecke zwischen Nürnberg und Fürth vorgesehen. Doch der bayerische König Ludwig I. fürchtete demokratische Auswirkungen dieser neumodischen Erfindung. Schließlich besiegten Beharrlichkeit und Fortschritt den majestätischen Starrsinn.

Georg Zacharias Platner, Marktvorsteher in Nürnberg, und Johannes Scharrer, Direktor der Technischen Lehranstalten in Nürnberg, gelang es, die erste deutsche

Der erste Zug von Nürnberg nach Fürth. Gemälde von E. Schilling und Prof. B. Goldschmitt im DB Museum Nürnberg.

Das Fabrikschild am Nachbau von Deutschlands erster Lokomotive »Adler« erinnert an ihre englische Herkunft.

Eisenbahn Wirklichkeit werden zu lassen. Die 175.000 Gulden für den Bau der Bahn wurden durch Aktien aufgebracht.

Im Oktober 1835 wurde Paul Camille Denis zum Bauleiter und Organisator der Bahn ernannt. Er hatte die Polytechnische Schule in Paris besucht und war 1816 in bayerische Dienste getreten. 1832 bereiste er Belgien, Frankreich, Britannien und die USA, um sich über die Eisenbahnen dieser Länder zu informieren. Denis war Teilnehmer am Hambacher Fest, bei dem 1832 über 30.000 Demonstranten bei Neustadt in der Pfalz, damals zu Bayern gehörig, ein einiges, freies und soziales Deutschland forderten. Der Deutsche Bundestag reagierte mit Unterdrückung der Versammlungs- und Pressefreiheit und mit Berufsverboten. Doch Bayern beließ Denis im Amt. Als tüchtiger Techniker konnte er Hambacher Gesinnungsgenossen bei der Bahn einstellen.

Die Lokomotive und der Lokführer William Wilson wurden aus England importiert. Die Lok mit dem hoheitlichen Namen »Adler« kostete 850 Pfund, das Jahresgehalt des Lokführers betrug 1.500 Gulden.

Pünktlich um 9 Uhr am Morgen des 7. Dezember 1835 wurde die 6,1 Kilometer lange Strecke eröffnet. Platner, nun auch Aktionär und Direktor der Ludwigs-Eisenbahn-Gesellschaft: »Vorzüglich schön war die Einweihung der Bahn am 7. Dez. 1835 unter einem, wie leicht begreif-

Der Wagen Nummer 8 des ersten deutschen Zugs im DB Museum Nürnberg.

Im DB Museum Nürnberg steht der Adler-Nachbau neben einer Design-Studie für den ICE 3.

lich ist, enormen Zulauf von Menschen, welche in eigens zu diesem Zweck erbauten Zelten, Buden und Pavillons oder längs der ganzen Landstraße des neuen Schauspiels harrten. Die Lokalitäten der Eisenbahn waren mit den Landesfarben geschmückt, und an allen Wagen flatterten und wehten blau und weiße Fähnchen. Es war ein herrlicher Anblick, die Lokomotive mit der gesamten Wagenreihe voll festlich geschmückter jubelnder Menschen einherbrausen zu sehen, und jeder, der die erste Fahrt mitgemacht hatte, konnte tausend Fragen, die von allen Seiten an ihn gemacht wurden, auf keine Weise entgehen.« Die Lokomotive »Adler« war 1835 in der Lokomotivfabrik von Robt. Stephenson and Compy, Engineers, Newcastle upon Tyne, gebaut worden. Diese Lok war 6.700 mm lang, das Treibrad hatte einen Durchmesser von 1.372 mm, die Maschinenleistung betrug 41 PS, die Höchstgeschwindigkeit 23 km/h. 1856 wurde die »Adler« ausgemustert. Im DB Museum Nürnberg, in dem Geschichte und Gegenwart der deutschen Eisenbahn dargestellt sind, gibt es zwei originalgetreue Nachbauten, eine Lok ist betriebsfähig. Zudem ist das älteste erhalten gebliebene deutsche Eisenbahnfahrzeug ausgestellt. Es ist der Wagen Nummer 8 des ersten deutschen Zugs, ein Personenwagen 2. Klasse, Baujahr 1835. Die drei Abteile haben gepolsterte Sitzbänke und bieten 24 Fahrgästen Platz. Der Wagen wurde 1877 ausgemustert.

DB Museum Nürnberg
Lessingstraße 6
90443 Nürnberg
Tel. 0800/32 68 73 86
www.dbmuseum.de

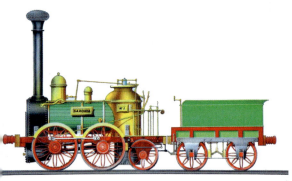

Die Saxonia, B1 n2, Baujahr 1838, verschrottet 1849.

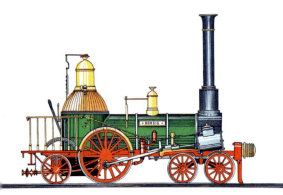

Die Lok Borsig, 2´A1 n2, Baujahr 1841, begründete den Borsig-Lokomivbau.

Borsig´s Maschinenbau-Anstalt zu Berlin, Gemälde von Carl Eduard Biermann, 1847.

Die rasante Entwicklung in den deutschen Landen

IN DEN 38 DEUTSCHEN STAATEN mit ihren 88 Eisenbahnen – nicht mitgezählt die kleinen Bahnen, die nach kurzer Zeit von den großen übernommen wurden, und die Teilbahnen der großen Staatseisenbahnen – war die LDE Leipzig-Dresdner Eisenbahn die zweite. Die Messestadt Leipzig war der ökonomische Mittelpunkt Sachsens. Bei den Kaufleuten und Fabrikanten hier fanden die Ideen von Friedrich List nicht nur offene Ohren, sondern auch genügend Geld zur Verwirklichung. Im April 1834 wurde das Eisenbahn-Comité gegründet. Drei Jahre später wurde die erste Teilstrecke eröffnet. Für diese Eisenbahn wurde die erste Eisenbahnbrücke bei Riesa über die Elbe errichtet und der erste Eisenbahntunnel bei Oberau gebaut. 1876 wurde die letzte Teilstrecke in Betrieb genommen; in diesem Jahr wurde die Leipzig-Dresdner Eisenbahn von den Sächsischen Staatseisenbahnen übernommen.

Die ersten vier Loks der LDE kamen aus England, eine weitere wurde aus den USA importiert. Nach dem Vorbild der englischen Loks konstruierte 1838 Johann Andreas Schubert in seiner Aktien-Maschinenbau-Gesellschaft Übigau bei Dresden die Saxonia, die erste in Deutschland gebaute Lok der Spurweite 1435 mm.

Als 1840 eine amerikanische Norris-Lok, die auf den Berliner Strecken in Dienst war, zur Maschinenbauanstalt und Eisengießerei August Borsig in Berlin zur Reparatur kam, erkannte Borsig die Stärken dieser Maschine und wusste, welche Verbesserungen vonnöten waren. Er bauter eine eigene Lok, die seinen

Georg Egestorff baute ab 1846 in seiner Maschinenfabrik in Linden bei Hannover Lokomotiven wie diese.

Eine Kessler´sche Lokomotive aus dem Jahr 1846, Bauart 2´B n2.

Namen erhielt, und verkaufte sie 1841 an die Berlin-Sächsische Eisenbahn.

1841 baute auch Joseph Anton von Maffei, Besitzer eines Münchner Eisenwerks, seine erste Lokomotive. Diese Maschine namens »Der Münchner« wurde auf der Münchner-Augsburger Eisenbahn in Betrieb genommen, für die sich Maffei eingesetzt hatte.

Überall in Deutschland wurden Schienenwege und Lokomotiven gebaut. Einige Beispiele seien genannt. Die Düsseldorf-Elberfelder Eisenbahn nahm 1838 ihren Betrieb auf, im selben Jahr die Berlin-Potsdamer Eisenbahn, zwei Jahre später die Berlin-Sächsische Eisenbahn, auch die erste Teilstrecke der badischen Nord-Süd-Hauptlinie. Die Rheinische Eisenbahn wurde auf einer Teilstrecke von Köln nach Mungersdorf 1839 eröffnet, im selben Jahr wurde die erste Eisenbahn im Rhein-Main-Gebiet von Frankfurt nach Höchst und Hattersheim in Betrieb genommen. Eisenbahnen, die baldigen Gewinn versprachen, wurden als Privatbahnen gegründet. Eisenbahnen, die aus verkehrspolitischen und ökonomischen Gründen nötig waren und keine schnellen Gewinne erwarten ließen, entstanden als Staatseisenbahnen. Zu den vielen Neugründungen dieser Jahre zählt auch die Hannoversche Staatseisenbahn, die 1843 ihre erste Strecke eröffnete. Das sich rasch ausbreitende Netz dieser Bahn war Anlass für Georg Egestorff, ab 1846 Lokomotiven in seiner Maschinenfabrik in Linden bei Hannover zu bauen. Aus dieser Fabrik entwickelte sich die Hanomag, Hannoversche Maschinenbau-Aktiengesellschaft.

Emil Heinrich Kessler übernahm die Messnersche Werkstätte seines Lehrers in Karlsruhe, die seit 1842 als Maschinenfabrik von Emil Kessler firmierte. Seine erste Lokomotive war schon 1841 die Badenia. 1846 wurde die Maschinenfabrik Eßlingen im Nachbarland Württemberg gegründet, Kessler wurde ihr Direktor und baute weiterhin Lokomotiven.

Seit 1846 bestand durch die Main-Neckar-Bahn eine Verbindung von Frankfurt am Main über Darmstadt nach Heidelberg. Über die Probefahrt am 28. Juni 1846 berichtete das Frankfurter Journal: »Am gestrigen Sonntage ging auf unserer Main-Neckar-Bahn die erste freie und größere Lustfahrt von hier direkt bis nach Darmstadt mit dem Kessler´schen Lokomotiv vor sich. In 8 geräumig und elegant gebauten Wagen, von welchen je einer 40, der andere 50 Personen fasst, besuchten mittels dieser veranstalteten Fahrt etwa 350 bis 400 Personen die nachbarfreundliche Residenzstadt, deren einladende Umgebungen, die nahen Waldungen, die sich anreihende reizende Bergstraße und der schöne Odenwald wohl in Zukunft lebhafte Anziehungspunkte für die vergnügungssüchtigen Frankfurter geben dürften. Die grandiose Ludwigssäule, welche hoch über den Straßen des neueren Teils der hessischen Residenzstadt hervorragt und schon von weithin auf der Eisenbahn sichtbar ist, war vielen Besuchern eine neue Erscheinung.«

Die Eisenbahn, bislang das wichtigste Transport- und Verkehrsmittel zu Lande, war nun auch in die Dienste des Vergnügens und des Fremdenverkehrs eingetreten. Die Lokomotivfabriken florierten, die Spekulation mit Eisenbahnaktien blühte. 1850, als die Westfälische Eisenbahn und die Saarbrücker Eisenbahn als preußische Staatsbahnen gegründet wurden, maß das deutsche Streckennetz eine Länge von 6.044 Kilometern.

Deutschland war in das Goldene Zeitalter der Eisenbahn eingefahren.

Die weltweite Entwicklung

Überall in der Welt zogen nach englischem Vorbild dampfende Lokomotiven Züge auf den neuen Schienenwegen. Das Eiserne Zeitalter feierte Triumphe. Es folgen nun einige Beispiele aus der Welt der Eisenbahn.

Frankreich

Als die Eisenbahn Stockton–Darlington 1825 in Betrieb genommen wurde, war einer der Besucher besonders aufmerksam, es war der französische Ingenieur Marc Séguin. Der Konstrukteur kühner Hängebrücken war von der Zukunft der Eisenbahn überzeugt. Frankreich war auf dem europäischen Festland das Land, in dem bald der Schienenverkehr am weitesten fortgeschritten war. 1828 wurde die erste Teilstrecke zwischen Lyon und St-Etienne für Pferde- und Dampfzüge eröffnet. Für diese neue Chemin de Fer baute Séguin zwei B-Lokomotiven, deren erste am 7. November 1829 ihre Probefahrt absolvierte. 30 Jahre danach war das ganze Land mit Schienen durchzogen.

USA

Die Geschichte der Eisenbahn in den USA begann 1829. Im Sommer dieses Jahres kaufte Horatio Allen von der Delaware and Hudson Canal Company für eine Behelfsbahn zwischen Carbondale und Honesdale die erste von vier englischen Lokomotiven. Sie hieß wie viele Maschinen »Lion« und um Verwechslungen zu vermeiden erhielt sie als Vornamen »Stourbridge« nach ihrem Herkunftsort. Allen war seit 1834 Superintendent der South Carolina Canal & Rail Road Comp. Diese Gesellschaft betrieb die damals längste Eisenbahnstrecke der Welt, 223 Kilometer von Charleston nach Hamburg (Pennsylvania).

Um die Mitte des 19, Jahrhunderts gab es in den Vereinigten Staaten von Amerika etwa 14.400 Kilometer Eisenbahnen. Die meisten waren im Osten in Betrieb. Seit 1832 wurden in den USA Lokomotiven gebaut. Allein die Fabrik von Matthias W. Baldwin produzierte etwa 62.000 Maschinen. An der Erschließung der USA hatten die Eisenbahnen einen beträchtlichen Anteil. Der Bau der Bahnen wurde – oft rücksichtslos – vorangetrieben. Die Regierung unterstützte die Eisenbahngesellschaften, manchmal mit Krediten, in der Regel verschenkte sie das Land längs der Schienenwege an die Gesellschaften, die es zur Finanzierung weiterverkaufen konnten. Dieses Land gehörte niemandem, also war es Staatsbesitz. Dass es vorher den Indianern gehört hatte, kümmerte keinen Weißen. Die Ureinwohner wurden vertrieben oder ausgerottet. Wehrten sie sich im Wilden Westen gegen den fortschreitenden Eisenbahnbau, der durch ihre Jagdgründe führte, wenn Jäger ihre Büffelherden abschlachteten, um die Eisenbahnarbeiter mit Fleisch zu versorgen, dann kam die ruhmreiche U. S. Cavalry angepresscht und sorgte für Law and Order.

Neben den vielen Eisenbahnlinien in den USA fehlte bislang eine Verbindung zwischen Ost- und Westküste. 1862 unterschrieb Präsident Abraham Lincoln das Gesetz zum Bau der transkontinentalen Eisenbahn. Am 8. Januar 1863 begann die Central Pacific Railway in Sacramento, Kalifornien, den Schienenweg nach Osten zu bauen. Ab 2. Dezember 1863 baute die Union Pacific von Omaha, Nebraska, die Strecke nach Westen. Am 10. Mai 1869 trafen sich die zwei Schienenwege am Promontory Point, Utah. Als letzter Nagel wurde in einer feierlichen Zeremonie der Goldene Nagel in die letzte Schwelle geschlagen. Im Film »The Iron Horse« (Das eiserne Pferd, auch: Das Feuerross) von 1924 wird der Bau dieser Bahn und die Zeremonie dargestellt. Damit hatten die USA das Goldene Zeitalter der Eisenbahn erreicht.

Das Einschlagen des Goldenen Nagels beim Bau der ersten transkontinentalen Strecke in den USA, nachgestellt für den Film »The Iron Horse«.

Belgien

Die nächste Eisenbahn auf dem europäischen Kontinent, auf der ein von einer Lokomotive gezogener Zug fuhr, war die Teilstrecke Mecheln-Brüssel der Staatseisenbahn von Belgien, eröffnet am 5. Mai 1835. Zügig wurde das Streckennetz ausgebaut. Die Lokomotiven wurden in England gekauft.

Österreich

In Österreich gab es schon 1810 eine Eisenbahn – als Erzbahn bei Eisenerz in der Steiermark, von Pferde- und Menschenkräften bewegt. Förderer der Dampflokomotiven-Eisenbahn in der k. und k. Monarchie war die Bankiersfamilie Rothschild. Kaiser Ferdinand erteilte 1836 Rothschild das Privileg für den Bau einer Eisenbahn von Wien über Krakau bis zu den Kohlegruben von Bochnia. 1838 hatte Wien seinen ersten Eisenbahnanschluss.

Russland

Der Mechaniker Miron Jefimowitsch Tscherepanow baute gemeinsam mit seinem Vater Jefim Alexejewitsch im Werk Nishni Tagilsk im Jahr 1834 die erste russische Lokomotive, die, weil es im Russischen noch kein entsprechendes Wort gab, als »Land-Dampfschiff« bezeichnet wurde. Auf einer Strecke von 854 Metern fuhr dieses Fahrzeug vor- und rückwärts, zog Lasten – und wurde nicht weiter beachtet.

Mit dem Bau der ersten offiziellen Eisenbahn in Russland wurde 1835 begonnen; die Strecke St. Petersburg–Zarskoje Selo war 23 Kilometer lang und hatte eine Spurweite von 1830 mm. Am 27. September 1836 wurde der Betrieb einer Pferdebahn aufgenommen, am 3. November zog eine Lokomotive die Züge. Die ersten Lokomotiven kamen aus England und Belgien.

Dänemark

In der chronologischen Abfolge ist nun Dänemark an der Reihe. Die erste dänische Eisenbahn führte von Altona über Elmshorn und Neumünster nach Kiel. Diese 106,1 Kilometer lange Strecke der König-Christian-VIII.-Ostseebahn wurde am 18. September 1844 eröffnet und stellte die Eisenbahnverbindung zwischen Nord- und Ostsee dar; das Gebiet gehörte damals zum Königreich Dänemark. Bismarck veranlasste 1864 den Krieg Preußens und Österreichs gegen Dänemark, das danach Schleswig und Holstein abtreten musste. Die zweite dänische Eisenbahn, heute immer noch auf dänischem Gebiet, wurde am 27. Juni 1847 als Danske Statsbaner zwischen Kopenhagen und Roskilde in Betrieb genommen.

Schweiz

Den knusprigen Brötchen, die im schweizerischen Baden gebacken wurden, verdankte die erste Eisenbahn der Schweiz ihren Namen, die am 7. August 1847 eröffnete

100 Jahre DSB Dänische Staatsbahn. Plakat von Aage Rasmussen, 1947.

Die Eisenbahn in Tokio. Dreiteiliger Farbholzschnitt von Mosai Yoshitora, um 1872. Der Schienenweg führt zwei Züge aufeinander zu.

Strecke zwischen Zürich und Baden. Nun konnten die Zürcher die leckeren Brötchen per Eisenbahn kommen lassen; die Eisenbahn erhielt den liebevollen Namen »Spanisch-Brötli-Bahn«. Die Basler allerdings verweisen darauf, dass schon am 15. Juni 1844 der erste Zug in den Vorortbahnhof St. Johann eingefahren war. Basel lag am Endpunkt der französischen Eisenbahn von Straßburg aus; die 1.668 Meter Eisenbahn waren das Endstück der ausländischen Linie. Um der Gefahr einer feindlichen Eroberung vorzubeugen, erhielt die Stadtmauer von Basel ein eisernes Eisenbahntor, das verschlossen werden konnte.

Pläne für schweizerische Eisenbahnen hatte es schon lange gegeben; die Verwirklichung war bislang an den Rivalitäten der Kantone gescheitert und an der Frage, ob Eisenbahnen überhaupt nützlich oder schädlich wären. Nach anfänglichen Schwierigkeiten wurde 1835 eine neue Konzession für eine Nordbahn erteilt. Die ersten Lokomotiven wurden bei Kessler in Karlsruhe bestellt, wo der Schweizer Mechaniker Nikolaus Riggenbach Betriebsleiter war.

Japan

Ein wichtiges Eisenbahn-Land wandte sich erst spät dem neuen Verkehrsmittel zu. Der Bau der ersten japanischen Eisenbahn zwischen Tokio und Yokohama begann 1870 unter der Leitung eines britischen Chefingenieurs, dem neben den japanischen Arbeitern einhundert ausländische Facharbeiter und Techniker halfen. Im Sommer 1872 wurde die erste Teilstrecke von Shinagawa, das damals noch nicht zu Tokio gehörte, nach Yokohama eröffnet. Mit dem ersten Zug von Tokio fuhr dann auch der Kaiser mit. Die Lokomotivführer waren zunächst Engländer, ab 1879 auch Japaner, aber nur für die Fahrten am Tag. Die Fahrpreise waren zu Anfang so hoch, dass einfache Menschen sich den Luxus einer Eisenbahnfahrt nicht leisten konnten. Sie bestaunten die Züge in den Bahnhöfen und auf den Drucken der Holzschnittkünstler.

Die Anfänge der japanischen Eisenbahn waren hier zugleich der Beginn des Goldenen Zeitalters.

Das Goldene Zeitalter der Eisenbahn

Die Reisegefährtinnen. Gemälde von Augustus Egg, 1862.

DIE EISENBAHN war ein sicheres und pünktliches Verkehrsmittel geworden, das massenhaft Rohstoffe und Produkte transportierte, wie es keine Fuhrwerke und keine Binnenschiffe vermochten. Die Fahrgäste wurden schnell und sicher befördert. Die Wagen wurden unterschiedlich ausgestattet. In der 1. Klasse war das Reisen bequem und komfortabel, von den gepolsterten Sitzplätzen ließ sich die vorbeiziehende Landschaft genießen, kluge Konversation konnte gepflegt werden. Die Klasseneinteilung reichte bis zur 3. oder 4. Klasse, die auch wegen der harten Holzbänke Holzklasse genannt wurden. Das widerspiegelte die Klassenteilung der Gesellschaft. Das Goldene Zeitalter der Eisenbahn genoss nur ein Teil der Menschen.

1. Klasse. Gemälde von Abraham Solomon, 1855.

2. Klasse. Gemälde von Abraham Solomon, 1855.

3. Klasse. Gemälde von Honoré Daumier, um 1823–1825.

Salonwagen König Ludwigs II. im DB Museum Nürnberg.

Der Terrassenwagen aus König Luwigs II. Hofzug, heute im DB Museum Nürnberg.

DAS GOLDENE ZEITALTER DER EISENBAHN ist auch charakterisiert durch das luxuriöse Gepränge der Salonwagen der Majestäten und Herrscher. Sie fürchteten nicht mehr die demokratischen Auswirkungen des neumodischen Verkehrsmittels. Sie benutzten nun die Züge, um durch ihre Hoheitsgebiete und zu Staatsbesuchen zu reisen. Dafür ließen sie sich ihre Salonwagen mit edlen Materialien wie Marmor und Elfenbein ausstatten, mit Gold wurde nicht gespart.

1864, als Ludwig II. zum bayerischen König gekrönt wurde, übernahm er den Hofzug seines Vaters Maximilian II. Den Salonwagen, 1860 bei Klett & Comp. gebaut, ließ Ludwig außen ab 1868 verschönern und eine Krone am Wagen anbringen. Die Ausschmückung der Inneneinrichtung war 1870 vollendet; Wände und Mobiliar wurden zum Teil vergoldet. Der königliche Salonwagen ist 14.024 mm lang und in vier Abteile gegliedert und wurde im Prunkstil des französischen Sonnenkönigs Louis XIV. gestaltet. Das Adjutantenzimmer für Bedienstete ist das kleinste Abteil. Das größte ist der Prunksalon mit Deckengemälden, Marmor und Seide. Die anderen Abteile sind das Schlafkabinett und das Toiletten- und Waschkabinett.

Zum Hofzug Ludwigs II. gehörte auch der Terrassenwagen mit seinen offenen Plattformen, 1865 bei Klett & Comp. gebaut. Auch dieser 7.585 mm lange Wagen ist mit Gold und anderen wertvollen Materialien geschmückt. Auf den großen Terrassen konnten der bayerische Märchenkönig und seine Gäste die Fahrt im Freien genießen, wenn die Sonne vom weiß-blauen Himmel gütig herablächelte.

Der Hofzug Ludwigs II., auch Neuschwanstein auf Schienen genannt, stand von 1886 bis 1918 abfahrbereit in München. Nach dem Ende der Monarchie wurde der Zug, der aus acht Wagen bestand, aufgelöst. Die beiden Prunkwagen wurden an das Verkehrsmuseum Nürnberg übergeben. 1925 gelangten die Wagen in die neue Wagenhalle des Museums, des heutigen DB Museums Nürnberg.

Pullman und Nagelmackers – Pioniere des Luxusreisens

GEORGE MORTIMER PULLMAN (1831–1897), Sohn eines deutschen Handwerkers in den USA, war als Vertreter für die Möbelstücke seines Bruders tätig. Als er eines Nachts wieder einmal mit dem Zug unterwegs war und auf dem harten Sitz nicht schlafen konnte, soll er von einem Schlafwagen geträumt haben. 1855 wurde Pullman Bauunternehmer und dadurch berühmt, dass er ganze Gebäude von einem Ort zu einem andern transportierte. Zu Wohlstand gekommen, borgte er sich 1858 von der Chicago, Alton & St. Louis Railroad zwei Wagen und ließ sie umbauen. Die Wagen Nr. 9 und 19 erhielten neue Inneneinrichtungen; die Sitzbänke konnten zu Liegen umgeklappt werden. Die mit viel Plüsch und Pomp ausgestatteten Wagen wurden von Stewards, »Porters« genannt, betreut. Für diese Prototypen von Pullman-Wagen erhielt Pullman ein Patent. Der erste Pullman-Zug fuhr am 1. September 1859 von Bloomington nach Chicago.

Zu Beginn des Sezessions- oder Bürgerkriegs in den USA im Jahr 1861 beschlagnahmten die Nordstaaten alle Wagen der Chicago & Alton RR. Pullman begab sich in eine Goldgräbersiedlung, handelte mit Werkzeugen und Lebensmitteln, wurde reich. Nach dem Krieg ließ er sich 1864 seinen eigenen Schlafwagen bauen. Dieser 1768 mm lange Pullman-Wagen erhielt den Namen »Pioneer«. Er war so breit und hoch, dass er nicht durch Tunnel und unter Brücken passte. Nach dem tödlichen Attentat auf US-Präsident Lincoln 1865 wurde der »Pioneer« in den Leichenzug eingestellt; Brücken, Tunnel, Bahnsteige mussten dem Wagen angepasst werden.

1867 wurde der erste Pullman-Schlafwagen mit Küchenabteil, im Jahr darauf das erste Restaurant auf Schienen eröffnet. 1873 wurden Salon- und Aussichtswagen in Dienst gestellt. Die Pullman-Züge wurden zum Inbegriff der Luxusreisen; in den Zügen gab es Speisewagen, Rauchersalons, Wagen für Gottesdienste, Tanz- und Sportwagen und Bibliotheken.

Für die Pullman Palace Car Company und ihre Arbeiter wurde Pullman City erbaut, heute ein Vorort von Chicago. Die Arbeiter zahlten die Miete an die Company, kauften in den Läden der Company ein, Theater, Kirche und andere Einrichtungen gehörten der Company.

Der Pullman-Wagen für den Präsidenten der Philadelphia & Reading Railroad, 1890.

Werbung für die CIWL, Plakat von Alfred Choubrac, 1896.

CIWL-Plakat, 1905.

In der Wirtschaftskrise 1893 wurden über 4.000 Arbeiter von Pullman entlassen, die verbliebenen Arbeiter erhielten eine Lohnkürzung von durchschnittlich etwa 25 Prozent, aber die Mieten und die Lebensmittelpreise blieben gleich hoch. Die Arbeiter bildeten ein Komitee, um mit dem Unternehmen zu verhandeln. Die Mitglieder des Komitees wurden entlassen. Es kam zum Streik. Durch Schließung des Werks wurden alle Arbeiter ausgesperrt. Viele Eisenbahner anderer Betriebe und vieler Eisenbahn-Gesellschaften unterstützten den Streik. Der Vorstand der Pullman Company forderte den Einsatz von Polizei und Armee. Etwa 3.100 Polizisten, 5.000 US Marshals und 6.000 Mann von Nationalgarde und Armee schlugen im Auftrag des US-Präsidenten Grover Cleveland den Ausstand nieder. 13 Menschen waren getötet wurden, unzählige Gewerkschafter wurden eingesperrt, ihre Büros zerstört.

Nach dem Tod von George Mortimer Pullman 1897 wurde Robert Todd Lincoln, der Sohn Abraham Lincolns, Präsident der Pullman Company. Während der Wirtschaftskrise kaufte die Pullman Inc. 1930 die Standard Steel Car Company. Das neue Unternehmen hieß nun Pullman Standard Car Manufacturing Company. Nach dem Bau des Amtrac Superliners 1982 wurde die Produktion eingestellt. Die Rechte an den Konstruktionen wurden 1987 an Bombardier verkauft.

Dass Pullman in Europa zum Begriff und zur beliebten Marke wurde, ist Georges Nagelmackers (1845–1905) zu verdanken. Er stammte aus einer Bankiersfamilie mit Vebindungen zum belgischen Königshaus. 1867 ging Nagelmackers für zehn Monate in die USA. Hier imponierten ihm die Pullman-Züge. Seine Pläne für ein solches Eisenbahnsystem in Europa musste er wegen des Deutsch-Französischen Kriegs 1870/71 zurückstellen.

Der Calais-Interlaken-Engadin-Express war ein CIWL-Zug. Plakat von Hugo d'Alesi, um 1895.

Der Riviera Express fuhr zwischen Amsterdam, Frankfurt und Köln nach Nizza, Monaco und Menton. Holländisches Plakat um 1901.

Der Riviera-Napoli Express war ein CIWL-Zug. Plakat 1931.

Im Pullman-Wagen der Reading Railroad in Philadelphia dauert es nicht mehr lang bis zur Nachtruhe (11. Mai 1942).

Winston Churchill reiste 1949 im Pullman-Salonwagen »Richelieu« im Schnellzug »The Judiciary« von New York nach Washington.

1872 gründete er die Compagnie Internationale des Wagons-Lits, CIWL, in Britannien The International Sleeping-Car Company genannt, in Deutschland Internationale Schlafwagen-Gesellschaft, ISG. Seit 1967 lautet der Name Compagnie Internationale des Wagons-Lits et du Tourisme. Die Gesellschaft, zu der auch Hotels und Restaurants gehören, war wie die Pullman Company eine Zeit lang Teil der Accor Group und gehört seit 2010 zum Unternehmen Newrest.

CIWL entwickelte sich seit den 1870er Jahren zum größten Schlafwagen- und Speisewagendienst in Europa und wurde auch in Afrika und Asien tätig. Seit 1881 wurden nicht nur CIWL-Wagen in Züge vieler Eisenbahn-Gesellschaften eingestellt, die Compagnie hatte eigene Luxuszüge in Fahrt. Die berühmtesten Züge sind der Orient-Express und der Train Bleu. Diese und andere CIWL-Züge werden in diesem Buch vorgestellt. 1896 gründete Nagelmackers, der in vielen Ländern Firmen unterhielt, die Deutsche Eisenbahn-Speisewagen-Gesellschaft, DESG.

Im Ersten Weltkrieg 1914–1918 beschlagnahmten Deutschland und seine Verbündeten viele CIWL-Wagen und benutzten sie für ihre militärischen Zwecke. Andererseits stellte die Compagnie, deren Tätigkeit durch den Krieg sehr eingeschränkt war, einen Teil ihrer Wagen den Alliierten zur Verfügung. Am 11. November 1918 wurde im Wald von Compiègne im CIWL-Wagen 2419 D der Waffenstillstand beschlossen.

Ab 1925 führte die CIWL Pullman-Züge in Europa ein. Die ersten Wagen kamen von der englischen Pullman Car Company, PCC. Diese Gesellschaft war 1906 von der amerikanischen Gesellschaft verkauft worden. Nach dem ersten Weltkrieg hatte die CIWL die PCC übernommen.

Einige der CIWL- und der Pullman-Express-Züge werden in diesem Buch vorgestellt.

MITROPA gegen CIWL

Das MITROPA-Logo bis 1945; danach wurde der Adlerkopf entfernt.

MITTEN IM ERSTEN WELTKRIEG, als in Stahlgewittern die erste Epoche des Goldenen Zeitalters der Eisenbahn unterging, wurde am 24. November 1916 die Mitteleuropäische Schlafwagen- und Speisewagen Aktiengesellschaft gegründet. Aus einzelnen Buchstaben dieses Namens wurde der Kurzname MITROPA gebildet.

Die Eisenbahnverwaltungen der Mittelmächte Deutschland, Österreich und Ungarn waren vor allem an der Gründung beteiligt, dazu kamen die großen Banken und auch der Norddeutsche Lloyd und die Hamburg-Amerika-Linie. Mit der MITROPA sollten CIWL und ISG im Bereich der Mittelmächte und in den besetzten Gebieten ausgeschaltet werden.

Die MITROPA bewirtschaftete auch den Balkanzug, der den Orient-Express verdrängen sollte. Der Balkanzug fuhr zweimal in der Woche von Berlin über Budapest, Belgrad und Sofia nach Konstantinopel (das erst seit 1930 Istanbul heißt). Nach dem Krieg wurde der Zug 1918 eingestellt.

Gehobener Komfort: Ein Schlafwagenabteil in »Tagesstellung«.

Speisen mit Niveau Mitte der 1930er Jahre: Kellner servieren den Gästen in einem Speisewagen der Mitropa.

Der MITROPA-Speisewagen 1189 P.

Die Kennzeichnung am Wagen besagt unter anderem, dass eine Druckluftbremse Hnbr und Kunze-Knorr-Schnellzugbremse Kksbr vorhanden sind.

Auch die kleinen Gäste wurden bei der Mitropa zuvorkommend bedient.

Blick in die Küche des Speisewagens.

MITROPA und ISG mussten nun Vereinbarungen über ihre jeweiligen Zuständigkeiten und Gebiete treffen. Die MITROPA bediente die Züge zwischen Deutschland und dem Saarland und Danzig, zu bestimmten Zielen in Österreich, in der Schweiz, in Skandinavien, Böhmen und Holland. Ab 1928 betrieb die MITROPA Speisewagen auf der Bernina-Bahn und der Rhätischen Bahn in der Schweiz. Zudem übernahm die Gesellschaft die Restauration auf Donauschiffen, Ostseefähren und in den Flugzeugen der Luft-Hansa. Und seit 1928 übernahm die MITROPA die Bewirtschaftung der Rheingold-Züge (siehe Seite 40).

In der Zeit des Nationalsozialismus musste die MITROPA ihren Beitrag für die braunen Machthaber leisten. Für die Olympischen Spiele 1936 wurden 1.775 Sonderzüge bewirtschaftet. Im ersten Kriegsjahr 1939 waren noch täglich 244 Schlaf- und 298 Speisewagen unterwegs. Davon mussten nun viele an die Wehrmacht abgegeben werden. Ab 1943 wurde die Benutzung der Schlafwagen nur noch für kriegswichtige Reisen erlaubt. Im Lauf des Kriegs wurden Bahnhofsgaststätten in den besetzten Ländern übernommen. Durch Kriegsschäden erlitt die MITROPA beträchtliche Verluste.

Blick in den Speisewagen 1189 P.

Nach dem Krieg wurde auch die MITROPA geteilt. 1950 entstand im Westen aus den Resten des Unternehmens die Deutsche Schlafwagen- und Speisewagengesellschaft DSG. Von den 1944 vorhandenen 596 Schlaf- und Speisewagen befanden sich die meisten in den Westzonen, von den 108 Fahrzeugen in der Ostzone waren tatsächlich nur 38 Wagen einsetzbar. Mit der Gründung der DDR 1949 begann der Wiederaufbau der MITROPA, die auch wieder Bahnhofskioske und Gaststätten eröffnete und die Schiffe in Berlin und in Dresden und die Flughäfen bewirtschaftete, ab 1961 auch die Autobahnraststätten. Am 3. Oktober 1990 erfolgte der Beitritt der DDR zur BRD. 1994 vereinigte sich die DR Deutsche Reichsbahn der DDR mit der DB Deutsche Bahn zur DB Deutsche Bahn AG. Die neue MITROPA AG gab einzelne Geschäftsbereiche auf und integrierte andere in bestehende Einrichtungen der DB. Am 1. April 2004 wurde die MITROPA AG an die Compass Group Deutschland GmbH verkauft und als eine GmbH weitergeführt, dann dem Compass-Tochterunternehmen Select Service Partners zugeordnet. Seit 2006 als SSP Deutschland ist die frühere MITROPA ein wichtiges Unternehmen der Verkehrsgastronomie.

Ein MITROPA-Speisewagen der DB.

Originales MITROPA-Geschirr.

Der Verein Freunde der MITROPA e. V., 1996 gegründet, pflegt die Erinnerung an MITROPA und DSG, lädt zu Veranstaltungen ein, beteiligt sich an Ausstellungen. Aus dem reichen Fundus des Vereins können Schriften und Originale von MITROPA-Geschirr und -Besteck, die in großer Anzahl vorhanden sind, bestellt werden.

Den 1940 in Betrieb genommenen Speisewagen 1189 P, bei der WUMAG Waggon- und Maschinenbau AG in Görlitz gebaut, war 1945 schwer beschädigt. Er wurde wiederauf- und umgebaut und als 10189 in Dienst gestellt. 1971 ausgemustert, diente der Wagen als DSG-Trainingscenter. Der Verein restaurierte 1999 den Wagen und setzte ihn mit viel Aufwand wieder in den ursprünglichen Zustand. Seit 2003 steht der Traditionswagen 1189 P zusammen mit der Denkmalslok E 04 20, Baujahr 1935, in der Stephensonstraße 1 in Frankfurt am Main vor der ehemaligen Hauptverwaltung DB AG, jetzt Vorstandsbereich Bahn der DB AG.

VEREIN FREUNDE
DER MITROPA e. V.
Kiekebuschstraße 12
12555 Berlin
Tel. 01 51 – 408 06 777
www.mitropa-freunde.de

Der MITROPA-Speisewagen 1189 P hinter der Lok E 04 20 in der Stephensonstraße 1 in Frankfurt am Main.

Die Epoche der Luxuszüge
Orient-Express

Französisches Plakat für den Orient-Express, 1888.

König der Züge – Zug der Könige

GEORGES NAGELMACKERS hatte 1872 die Compagnie de Wagons-Lits, 1876 die Compagnie Internationale de Wagons-Lits (CIWL) gegründet (siehe Seite 24). Die Compagnie stellte ihre Schlafwagen in viele Fernzüge ein, stellte eigene Luxuszüge aus Schlaf- und Speisewagen zusammen. Der berühmteste dieser Züge ist der legendäre Orient-Express.

DER BEDARF SOLCHER ZÜGe von Westeuropa nach Wien und weiter nach Osten war groß. Nagelmackers ließ 1882 einen Schlagwagenzug der CIWL, in dem auch ein Speisewagen eingestellt war, zur Probe von Paris nach Wien und zurück verkehren. Der Erfolg führte 1883 dazu, dass Nagelmackers mit Bahngesellschaften aus Frankreich, Elsass-Lothringen, Baden, Württemberg, Bayern, Österreich-Ungarn und Rumänien Verträge für einen Orient-Express schließen konnte. Der erste Zug, als Express d'Orient bezeichnet, fuhr am 5. Juni 1883 vom Gare de l'Est ab.

Wer möchte da nicht Platz nehmen: Blick in einen Speisewagen der CIWL um 1900.

Die offizielle Eröffnungsfahrt wurde am 4. Oktober 1883 gefeiert. Das Schienennetz wurde stetig erweitert, und ab dem 12. August 1888 konnte der Orient-Express bis Konstantinopel (erst seit 1930 heißt diese Stadt Istanbul) fahren.

Der Erste Weltkrieg 1914–1918 unterbrach den Betrieb des Orient-Express. Die Mittelmächte ließen 1916 ab Berlin den Balkanzug nach Konstantinopel fahren. Die in diesem Jahr gegründete MITROPA (siehe Seite 26) bewirtschaftete Schlaf- und Speisewagen.

Nach dem Krieg sollte der Orient-Express wieder nach Konstantinopel fahren. Um Deutschland auszuschließen, wurde seit 1919 der Express durch den Simplon-Tunnel, Oberitalien und über Triest geführt. Dieser CIWL-Zug erhielt die Bezeichnung Simplon-Orient-Express. 1923 wurde ein weiterer Luxuszug durch die Alpen etabliert, der später den Namen Arlberg-Orient-Express erhielt. Zahlreiche Kurswagen ergänzten das System der Orient-Expresszüge. Seit 1921 war auch der ursprüngliche Orient-Express wieder in Fahrt.

Diese undatierte Aufnahme zeigt einen der ersten Schlafwagen, die der Orient-Express vor 1900 führte.

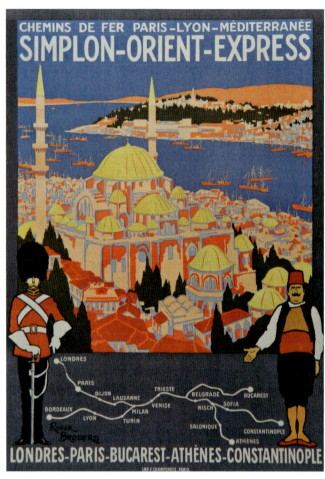

Französisches Plakat von Roger Broders, 1921.

Im Zweiten Weltkrieg 1939–1945 wurden Teile der Orient-Expresszüge eingestellt. Ab September 1945 waren die drei Züge Orient-Express, Simplon-Orient-Express und Arlberg-Orient-Express wieder im Fahrplan. Die Spaltung Europas in West und Ost beeinträchtigte das System des Orient-Express mit seinen Zügen und Kurswagen. Glanz und Glamour des Orient-Express waren erloschen. Zudem machten die Flugzeuge den Zügen die Fahrgäste abspenstig. Der Arlberg-Orient-Express fuhr 1962 zum letzten Mal, der Arlberg-Express verblieb als Nachtzug. Der seit 1950 wieder in Fahrt befindliche Direct-Orient übernahm vom Simplon-Orient-Express die Schlafwagen nach Istanbul. Verschiedene Express-Züge teilten sich die Strecken des früheren Orient-Express, dessen Zuglauf verkürzt wurde. Ab dem Sommerfahrplan 2001 verkehrte der Orient-Express nur noch zwischen Paris und Wien, nach Inbetriebnahme des französischen TGV verkürzte sich 2007 die Strecke auf Straßburg–Wien. Einzelne Kurswagen hingen noch am Orient-Express, der täglich zwischen Straßburg und Wien fuhr – zum letzten Mal am 14. Dezember 2009. Ein glänzendes Kapitel des Goldenen Zeitalters war zu Ende.

In Erinnerung bleiben der Luxus und die Eleganz des Orient-Express und die vielen Geschichten um die berühmten Fahrgäste. König Leopold II. von Belgien, der den Kongo als seine Privatkolonie brutal ausbeutete, war Aktionär der CIWL und benutzte immer wieder den Express. König Ferdinand I., König von Bulgarien, betätigte sich oft als Lokführer auf den Schienen seines Reichs. Sein Sohn Boris III., der sich Zar nannte, erwarb sogar die Fahrberechtigung für Lokomotiven. Griechische Könige, Prinzen, Adelige aller Länder, Wirtschaftsführer, Politiker, Künstler waren Fahrgäste auf den Zügen des Orient-Express.

Reisen im Orient-Express ist Luxus und Erlebnis.

Im Jahr 1929 verhinderten Schneemassen die Weiterfahrt des Simplon-Orient Express im kleinen Bahnhof Cherkeskoy, rund 100 Kilometer vor seinem Endbahnhof Istanbul. Der Zug hatte Paris am 29. Januar verlassen und sollte am 1. Februar an seinem Ziel eintreffen. Stattdessen blieb er für zehn Tage eingeschneit liegen. Ein ähnliches Schicksal ereilte den Gegenzug, der ihm für 96 Stunden Gesellschaft leisten musste. Da die Züge nicht geheizt werden konnten, versammelten sich die Fahrgäste beider Züge im Stationsrestaurant, wo sie Karten spielten, lasen, Grammophon-Platten hörten und der Tanzkunst einer Primaballerina bei einer improvisierten Aufführung zusahen.

Nach dem Zweiten Weltkrieg verkehrte der Orient-Express zeitweilig zwischen Paris und Warschau, wo die Fahrgäste am 3. April 1948 die Abfahrt in Richtung Seine-Metropole erwarten.

Die Lok 230 G 353, Baujahr 1923, zieht im Film den Orient-Express.

Mord im Orient-Express

Eine Vielzahl von Sachbüchern und Romanen ist dem Orient-Express – in verschiedenen Schreibweisen – gewidmet. Das berühmte Buch »Mord im Orient-Express« von Agatha Christie, die selbst mit diesem Zug gefahren ist, erschien 1934 und ist in viele Sprachen übersetzt und mehrfach fürs Kino und Fernsehen verfilmt worden. Die bekannteste Verfilmung stammt vom Regisseur Sidney Lumet aus dem Jahr 1974. Viele Stars spielen in diesem Film mit.

1943, im Zweiten Weltkrieg wurde der US-amerikanische Film »Spion im Orientexpress« gedreht. In diesem antifaschistischen Film unter der Regie von Raoul Walsh mit George Raft, Brenda Marshall und Peter Lorre in den Hauptrollen waren viele Emigranten aus Deutschland beteiligt.

Der Arlberg-Orient-Express spielt neben Paul Hubschmid und Elfe Gerhart im österreichischen Film »Arlberg-Express« von 1948 die Hauptrolle, Regie führte Eduard von Borsody.

»Orient-Express« ist der Titel des Films mit Curd Jürgens und Eva Bartok aus dem Jahr 1954, eine Koproduktion von Italien, Frankreich und Deutschland unter der Regie von Carlo Ludovico Bragaglia. In der DDR lief der Film unter dem Titel »Entscheidung in der Weihnachtsnacht«.

Diese vier Orient-Express-Filme werden ausführlich im Buch »Die Eisenbahn als Filmstar«, transpress 2015, vorgestellt.

Das Filmplakat von 1948.

Das deutsche Filmplakat von 1956.

Der Orient-Express heute

Nach vielen vergeblichen Versuchen, den legendären Orient-Express wieder in Fahrt zu bringen, ist dies endlich gelungen. Die Belmond Ltd. in London, die weltweit Züge betreibt, Kreuzfahrten unternimmt, Hotels und Restaurants unterhält, Veranstaltungen durchführt, betreibt auch den Orient-Express. Der Traum, im luxuriösen König der Züge wie ein König zu reisen, bleibt nicht mehr ein Traum. Die Lernidee Erlebnisreisen GmbH bietet mehrere Fahrten im Simplon-Orient-Express an. Die Originalwagen sind restauriert, der Komfort an Bord und die Betreuung der Gäste sind erstklassig – wie zu Zeiten von Agatha Christie.

Der Orient-Express vor der Abfahrt.

Ein Abteil mit allem Komfort.

Der Venice Orient-Express erhielt den World Travel Award als bester Zug der Welt. Die verschiedenen Fahrten in der Gegenwart führen zum Beispiel als zweitägige Reise von Berlin nach Paris oder als fünftägige Reise weiter nach London. Eine andere Reise im Venice Simplon-Orient-Express geht an zwei Tagen von Paris nach Venedig; mit zusätzlichen Höhepunkten der Reise dauert die Variante fünf Tage. Eine Fünf-Tage-Reise ist die Fahrt von Venedig über Wien, Budapest oder Prag nach Paris. Sechs Tage dauert die Reise unter dem Motto »Mit Agatha Christie von Paris nach Istanbul«.

SIMPLON-ORIENT-EXPRESS
Individuelle Beratung, Buchung und Betreuung
Lernidee Erlebnisreisen GmbH
Kurfürstenstraße 112
10787 Berlin
Tel. 030/7 86 00 00
www.lernidee.de

Der Simplon-Orient-Express auf dem Weg nach Istanbul.

Rheingold

Um 1930 donnert ein »Rheingold« auf der Rheinstrecke am bekannten Ochsenturm von Oberwesel vorbei.

Rheingold-Plakat von Frank Newbould für L. N. E. R. London & North Eastern Railway, 1928. Rheingold mit Lok Baureihe 01 vor Königswinter.

Zeitreise: Mehr als vier Jahrzehnte später passiert der TEE »Rheingold« dieselbe Stelle (vgl. S. 40).

Von der Nordsee zu den Alpen

ZU DEN WELTBERÜHMTEN ZÜGEN wie Orient-Express und Transsib zählt auch der sagenhafte Rheingold-Zug. Seinen Namen hat der Luxuszug vom Schatz der Nibelungen, den der grimme Hagen im Rhein versenkte. Diese Geschichte aus dem Nibelungenlied hat Richard Wagner zur Oper »Das Rheingold« gestaltet, 1869 aufgeführt.

Die Deutsche Reichsbahn ließ am 15. Mai 1928 zum ersten Mal den FD Rheingold als europäischen Fernschnellzug und als ihren ersten Luxuszug auf Fahrt gehen. Als FFD 101 verband er die Schweiz mit Holland, der FFD 102 fuhr in der Gegenrichtung. Der Zug verband zugleich London mit dem Kontinent. Abfahrt in London Liverpool Street Station war um 20.30 Uhr, Ankunft in Harwich am Kanal 22.15 Uhr, mit der Fähre nach Hoek van Holland, Ankunft 6 Uhr. Hier stand der Rheingold-Zug bereit. Über Rotterdam, Utrecht, Zevenaar, Duisburg, Düsseldorf verlief die Fahrt rechtsrheinisch, bei Köln wechselte der Zug auf die linke Rheinseite, weiter über

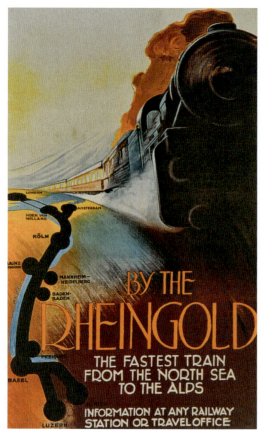

Motiv für das Zugbegleiterheft und das Plakat von Richard Friese, 1928.

Noch in den 1950er Jahren herrschte in den Abteilen die Atmosphäre der Vorkriegszeit.

Mainz und auf die rechte Seite des Flusses nach Mannheim, Karlsruhe, Baden-Baden, Freiburg (Br.), Basel, Luzern; Kurswagen von Amsterdam und nach Zürich. Die Strecke von London bis Luzern betrug 1.183 Kilometer.

Als Konkurrenz zum Rheingold und unter Umgehung Deutschlands setzte die CIWL den Pullmanzug »Edelweiss« ein, der ab 15. Juni 1928 von Amsterdam über Brüssel und Straßburg in die Schweiz fuhr. Die Deutsche Reichsbahn antwortete international mit der Werbung für ihren Zug: »Rheingold – der schnellste Zug von der Nordsee zu den Alpen.«

Die Wagen des Rheingold wurden nach dem Vorbild der Pullmanwagen konstruiert und von der WUMAG in Görlitz, von Wegmann in Kassel, von Linke-Hofmann-Lauchhammer in Breslau und anderen Firmen gebaut. Die Reisenden in den komfortablen Wagen wurden am Platz mit Speisen und Getränken bedient. Damals wurden die Reisenden noch in drei Klassen eingeteilt. Der Rheingold führte nur die 1. und die 2. Klasse. Gezogen wurde der Zug von den starken, schnellen und schönen Lokomotiven. Auf den deutschen Strecken waren dies die Dampfloks der Baureihen 01 (2´C1´ h2), 18.3 (2´C1´ h4v, bad. IV h), 18.4 und 18.5 (2´C1´ h4v, bayer. S 3/6, die »Königin der Dampflokomotiven«), 38 (2C´ h2).

1939, zu Beginn des Zweiten Weltkriegs, wurde der Betrieb des Rheingold eingestellt.

Der doppelstöckige Aussichtswagen des neuen »Rheingold« der Deutschen Bundesbahn bei seiner Präsentationsfahrt am 24. Mai 1962 in Frankfurt am Main.

Panoramaabteil: Blick in den neuen Aussichtswagen der Deutschen Bundesbahn bei seiner Präsentationsfahrt am 24. Mai 1962.

Rheingold im Rheintal hinter Braubach, im Hintergrund die Marksburg. *Rheingold am Rhein zwischen Lorch und Assmannshausen.*

Rheingold – Neubeginn und Ende

Sechs Jahre nach Ende des Zweiten Weltkriegs, am 20. Mai 1951, fuhr wieder der Rheingold-Zug. Dieser Rheingold-Express der Deutschen Bundesbahn war ein F-Zug, ein Fernschnellzug und verkehrte zwischen Hoek van Holland und Basel (D 164), zusätzlich von Amsterdam nach Köln (D 264). Der Speisewagen wurde bis 1955 von der CIWL betrieben, danach von der Deutschen Schlafwagen- und Speisewagengesellschaft.

Ab Mai 1953 hieß der Rheingold-Express »Loreley« und das Fernschnellzugpaar F 10/9, das seit Mai des Vorjahres als Rhein-Pfeil auf der selben Strecke unterwegs war, nun Rheingold-Express genannt wurde. Vor diese Züge waren die Dampfloks der Baureihen 01, wie schon vor dem Krieg, dann 03 (2´C1´ h2), 03.10 (2´C1´ h3), 10 (2´C1´ h3), 23 (1´C1´ h2), 41 (1D h2). Ab 1962 wurden neue Großraum-Wagen und Abteilwagen der 1. Klasse eingesetzt. In jedem Zug wurde ein Aussichtswagen mitgeführt.

1965 wurden Rheingold und Rheinpfeil Züge im System TEE, Trans Europ Express (siehe Seite 82). Das Jahr 1977 brachte das Ende des regulären Dampfbetriebs bei der DB. Vor den Rheingold-Zügen waren schon seit 1962 die Elektroloks der Baureihe E 10 (Bo´Bo´) im Einsatz. Auf den noch nicht elektrifizierten Strecken wurden die Diesellokomotiven der Baureihe V 200.0 (B´ B´), später als 220 bezeichnet, vor die Rheingold-Züge gespannt. Ab 1972 kamen die neuen elektrischen Schnellfahrloks der Baureihe 103 (Co´Co´) zum Einsatz.

1987 wurden durch die Einführung der EuroCity-Züge die Rheingold-Züge eingestellt. Seit 2002 verkehren ICEs zwischen Amsterdam und Basel.

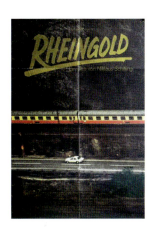

Mord im Rheingold-Express

Nach seinem Drehbuch schuf 1977 der Regisseur Niklaus Schilling den dramatischen Film »Rheingold«. Die Hauptdarsteller Elke Haltaufderheide, Rüdiger Kirschstein und Gunther Malzacher entfalten ein Spiel aus Liebe, Leidenschaft, Untreue und Mord. Im TEE Rheingold vollendet sich das Schicksal der Frau, die zwischen Traum und Ekstase ihrem Ziel entgegenfährt – dem Tod. Der Film wird mit Text und Bildern vorgestellt im Buch »Die Eisenbahn als Filmstar«, transpress 2015.

Der Rheingold-Zug heute

Der Rheingold-Zug zwischen Assmannshausen und Rüdesheim im Rheingau.

Im Rheingold-Aussichtswagen DomeCar.

Die originale Rheingold-Lok »Bügelfalte« E10 1309.

Rheingold international – hier mit Lok E10 1309 an der Weser.

Die AKE-Eisenbahntouristik, die ihren Firmensitz im bekannten historischen Lokschuppen Gerolstein in der Vulkaneifel hat, betreibt den 1.-Klasse-Sonderzug AKE-RHEINGOLD als nostalgischen Luxuszug. Mit einer Spitzengeschwindigkeit von 200 km/h ist er einer der schnellsten historischen Züge der Welt. Die Wagen stammen vom legendären TEE Rheingold der 1960er Jahre. Zum AKE-RHEINGOLD gehören sechs Abteilwagen, ein Großraumwagen, ein Club-, ein Aussichtswagen und drei Speisewagen, die nach Bedarf eingesetzt werden. Der Aussichtswagen, Baujahr 1963, ist ein DomeCar mit 22 Plätzen in der Glaskanzel, im Parterre des Wagens lädt die Bar, die AKE-RHEINGOLD-Lounge, ein. Der DomeCar ist ein Wagen von insgesamt fünf Exemplaren, die von der DB für den TEE Rheingold und den Rheinpfeil beschafft wurden. Nach der Ausmusterung und dem Einsatz für zwei Reiseunternehmen wurden die Wagen Ende der 90er Jahre nach Schweden verkauft und waren dort in Betrieb. Ein Wagen wurde ab 2005 für etwa 250.000 Euro restauriert. Seit 2015 ergänzt ein Rheingold-Clubwagen, 1976 als Prototyp gefertigt, den AKE-RHEINGOLD.

Der Zug wird von der originalen Rheingold-Lok E10 1309, Bauart Bo´Bo´, 1963 bei Krauss-Maffei gebaut, gezogen. Die windschnittige Lok der Baureihe E10 hat den charakteristische Knick am Kopf, deswegen wird sie liebevoll »Bügelfalte« genannt. Eineinhalb Jahre lang wurde die E10 1309 in Dessau aufgearbeitet und wieder mit den typischen Farben Elfenbein und Weinrot versehen. Es gibt Tages- und Mehrtagesfahrten mit dem AKE-RHEINGOLD. Zum Beispiel führen die Tagesfahrten von Köln, Dortmund und anderen Städten zu vielen Zielen in Deutschland. Die Mehrtagesfahrten ab Berlin, Dortmund, Koblenz gehen nach Nord und nach Süd bis Montreux. Selbstverständlich gibt es Rheinrundfahrten, zudem Moselfahrten.

AKE-RHEINGOLD
AKE-Eisenbahntouristik
Kasselburger Weg 16
54568 Gerolstein
Tel. 0 65 91/94 99 87 00
www.ake-eisenbahntouristik.de

Golden Arrow – Flèche d´Or
London – Calais – Paris

DURCH DAS GOLDENE ZEITALTER DER EISENBAHN fuhren auch goldene Züge – wie der Rheingold und der Goldpfeil. Dieser Luxuszug Flèche d'Or war ein Pullmanzug 1. Klasse der CIWL und fuhr ab 1926 zwischen Paris und Calais auf den Schienen der Compagnie des chemins de fer du Nord.

Seit 1929 wurde der Golden Arrow in England in Betrieb genommen. Partner war die Southern Railway, ab 1948 die British Railways. Bis zwölf Pullmanwagen hingen an der Lok. 98 Minuten war der Golden Arrow von London bis Dover unterwegs. Zwischen Dover und Calais benutzten die Fahrgäste die Fähre 1. Klasse »Canterbury«, um den Kanal zu überqueren.

Das Reisen mit Flugzeugen war inzwischen schneller und attraktiver geworden. Der Golden Arrow führte ab 1931 auch normale Wagen 1. und 3. Klasse. Seit Beginn des Zweiten Weltkriegs im September 1939 verkehrte der Zug nicht mehr. Nach dem Krieg wurde der Betrieb im April 1946 wieder aufgenommen. 1951 wurden die neuen Pullmanwagen, die schon 1938 bestellt worden waren, geliefert.

Plakat von William Spencer Bagdatopoulos, 1926.

Lok der Baureihe 231 K, 1912 bei Henschel in Kassel gebaut und später modernisiert.

Als es noch keinen Tunnel unter dem Ärmelkanal gab, setzen die Reisenden mit der Fähre über: Im Jahr 1947 besteigen die lächelnden Fahrgäste des »Golden Arrow« im Hafen von Dover die Fähre nach Calais. Von dort werden sie im Zug weiterreisen.

Plakat von A. N. Wolstenholme, 1929.

London Victoria Station am 11. Juni 1961: Ein letztes Mal bringt eine Dampflok den »Golden Arrow« nach Dover. Dann wird die elektrische Taktion die Beförderung übernehmen.

Eine Dampflok der Bauserie Battle of Britain vor dem Golden Arrow.

Bevor auf der englischen Seite 1961 der Dampfbetrieb aufgegeben wurde, zogen die Dampfloks der Klasse Battle of Britain, Bauart 4-6-2 (2´C1´), eine Abwandlung der West Country Class, die Züge. Für die Southern Railway wurden diese Loks von 1945 bis 1951 gebaut.

Auf der französischen Seite wurde der Flèche d´Or noch bis 1969 von Dampfloks gezogen. Es waren die Maschinen der Baureihe 231 K der Bauart 2´C1´. Solche Loks wurden nach US-amerikanischem Vorbild auch Pacifics genannt. Der Flèche d´Or war der letzte fahrplanmäßige Luxuszug im westlichen Europa, der von einer Dampflok gezogen wurde.

Am 30. September 1972 wurde der legendäre Golden Arrow/Flèche d´Or eingestellt. Geblieben ist die Geschichte eines legendären Zugs.

PLM
Express ans Mittelmeer

DEN TRAUM, FERIEN UND URLAUB an den sonnigen Gestaden des Mittelmeers zu erleben, ließ für unzählige Menschen die PLM Wirklichkeit werden. Eine Flotte von komfortablen CIWL-Zügen, mit modernen Schnellzugloks bespannt, beförderten die Fahrgäste an die Côte d´Azur.

PLM, auch P. L. M., ist die Abkürzung für Compagnie des chemins de fer de Paris à Lyon et à la Méditerranée. Von verschiedenen privaten Eisenbahnfirmen wurden von 1843 bis 1856 Schienenwege zwischen Paris, Lyon und Marseille gebaut, auf denen die Züge dieser Gesellschaften fuhren. Zunächst schlossen sich Firmen zu zwei größeren Betrieben zusammen, es entstanden die LM Compagnie du chemin de fer de Lyon à la Méditerranée und die PL Compagnie du chemin de fer de Paris à Lyon. Diese beiden Gesellschaften übernahmen weitere Eisenbahnen. Am 11. April 1857 vereinigten sich LM und PL zur PLM.

Die PLM expandierte, erweiterte ihr Streckennetz, übernahm die algerische Eisenbahn CFA Compagnie des chemins de fer algériens. PLM war die größte private Eisenbahn in Frankreich.

PLM-Plakat mit Lokomotiven, die der No. 6332 entsprechen, 1931.

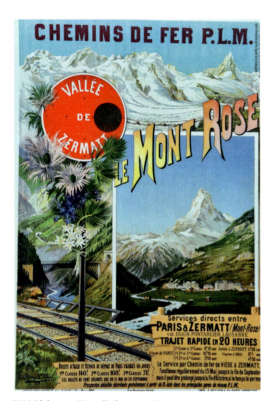
PLM-Plakat von Hugo d´Alesi, um 1891.

Gemeinschaftswerbung von CIWL und PLM, Plakat von Jean-Raoul Naurac, 1927.

PLM-Plakat von Adolphe Cossard, 1929.

Nicht nur die französischen Urlauber fuhren mit den PLM-Zügen ans Mittelmeer. Für sonnenhungrige Briten wurde 1886 eine eigene Verbindung eingerichtet. Dieser Calais-Méditerranée Express verband London über eine Fähre mit Calais und fuhr über Paris nach Nizza. 1922 wurden neue stählerne CIWL-Schlafwagen in blauer Farbe angeschafft. So wurde dieser Express nun Blue Train oder Train Bleu genannt. Er verkehrte bis zum Krieg 1939. Er ging von 1947 bis 2007 wieder auf Fahrt.

Die PLM hatte eine Reihe vorzüglicher Lokomotiven vor ihren Zügen. Zum Beispiel die 4175, später 140 D 1, die in einer Serie von 20 Stück ab 1912 gebaut wurde, Typ Consolidation, also 1´D, eine Verbundmaschine mit 4 Zylindern.

Wie damals üblich, setzte PLM auch Stromlinien-Loks ein. Zum Beispiel die Pacific 231 H 141, die durch Umwandlung der 231 D 141 von 1925 entstand. Gleichzeitig wurde in der Lokomotivfabrik Ateliers d´Oullins die Lok modernisiert. Zunächst hatte die Stromlinien-Lok bis 1933 die Nummer 231 F 141, bei der staatlichen SNCF, die 1938 die PLM übernommen hatte, schließlich 231 H 1.

Die PLM-Maschine 4175, Baujahr 1912, auf einer alten Ansichtskarte.

In Oullins wurden 1935 auch PLM-Pacifics der Serie 221 A 1-20 modernisiert, zu Heißdampf-Lokomotiven umgebaut und erhielten ihre Stromlinienverkleidungen. Zunächst entstanden als Prototypen die 221 B 11 und B 14. Die 221 B 14 erreichte am 12. Juli 1935 eine Geschwindigkeit von 156 km/h. Von den insgesamt 462 Pacifics der Serie 231 der PLM erhielt eine Maschine eine Stromlinienverkleidung

Nach einem Treffen zwischen Raoul Dautry, Chef der Staatsbahn SNCF, und Ettore Bugatti, Automobilbauer und Designer im elsässischen Mosheim, wurde 1932 entschieden, dass Bugatti schnelle Triebwagen mit Verbrennungsmotoren (im Französischen: autorails) konstruieren und bauen sollte. Im Frühjahr 1933 wurde der erste Bugatti-Schienenbus in Dienst gestellt. Das aerodynamische Fahrzeug, Bauart D´D´, war 23

Die Stromlinienlok der Serie 231 C, eine der Pacifics, die zwischen 1909 und 1932 gebaut wurden.

Meter lang, wurde von vier Bugatti-Motoren von je 200 PS angetrieben. Bei Testfahrten erreichte es 172 km/h, im Regeldienst 140 bis 160 km/h. Für die SNCF und die PLM baute Bugatti in mehreren Serien 88 solcher Triebwagen.

1938 wurde die PLM in die SNCF integriert.

Der Bugatti-Schnelltriebzug von 1933.

Rete Mediterranea
Urlaubsziel italienisches Mittelmeer

Werbung für das Urlaubsgebiet Levante, RM-Plakat um 1900.

DAS ITALIENISCHE PLAKAT »Von Zentraleuropa zur Riviera« zeigt die Schienenwege ans französische und italienische Mittelmeer. Der Herr erläutert der Dame die Reisewege.

Ein wichtiger Zug war der Modena Express. Die Bahnstrecke von Mailand nach Südosten, später weiter bis Bologna, wurde 1861 eröffnet und ist seit damals Teil der wichtigen Nord-Süd-Achse und verbindet die Schweiz mit Süditalien. Inzwischen gibt es eine neue Schnellfahrstrecke, der ältere Schienenweg dient nun dem Regional- und Güterverkehr.

Rete Mediterranea (RM) ist die Kurzbezeichnung für das Eisenbahnnetz der Società per le Strade Ferrate del Mediterraneo in Süditalien. RM wurde am 1. Juli 1885 gegründet und bestand 20 Jahre. 1905 wurden die einzelnen Bahnen, so auch die RM, in der Staatsbahn Ferrovie dello Stato Italiane zusammengefasst.

Plakat mit den Schienenwegen an die Riviera von Plinio Codognato, 1929.

Der Fortschritt wird gefeiert, Plakat von Umberto Tirelli zum Modena Express, um 1905.

Mit RM an den Lago Maggiore, Plakat um 1899.

Die britischen Big Four: GWR, LNER, LMS, SR

DIE GROSSEN VIER BRITISCHEN EISENBAHNEN waren die GWR Great Western Railway, LNER London and North Eastern Railway, LMS London, Midland and Scottish Railway, SR Southern Railway.

GWR

Die größte dieser Gesellschaften war die GWR. Diese Abkürzung wurde auch in ironischer Bewunderung als God´s Wonderful Railway, Gottes wunderbare Eisenbahn, gedeutet. Die GWR wurde 1833 in Bristol gegründet. Von Anfang an arbeitete der berühmte Isambard Kingdom Brunel (1806–1859) als Chefingenieur für die GWR. Er baute die größten eisernen Dampfschiffe seiner Zeit, errichtete Tunnel und Brücken, Bahnhöfe und Eisenbahnstrecken. In der Annahme, bei hohen Geschwindigkeiten sei eine Breitspur besser, führte Brunel statt der Regel- oder Normalspur von 1435 mm die Spurweite von 2140 mm ein.

Brunel führte die Vermessungen für die Streckenführung selbst aus. 1838 wurde der erste Streckenabschnitt von London, Bahnhof Paddington, nach Taplow bei Maidenhead eröffnet, gleichzeitig wurde die Strecke von Bristol aus gebaut, ab 1841 war die komplette Main Line (Hauptlinie) in Betrieb.

»Regen, Dampf und Geschwindigkeit. The Great Western Railway.« Gemälde von Joseph Mallord William Turner, 1844.

Robert Stephenson hatte für die Eröffnungsfahrt die Lokomotive namens North Star geliefert, aus der die Fire Fly (Glühwürmchen) entwickelt wurde und die ganze Serie der Fire Fly Klasse. Stetig wurde das Streckennetz erweitert, auch durch Übernahme anderer Eisenbahnen. GWR im Südwesten Englands wurde die größte Eisenbahngesellschaft. In den 1860er Jahren wurde begonnen, die Breitspur zu Gunsten der Normalspur aufzugeben.

Im Gemälde von Turner ist ein Zug zu sehen, angeführt von einer Lok der Fire Fly Klasse, auf der Maidenhead Railway Bridge über der Themse, ein Bauwerk Brunels. Der Blick geht nach Osten, Richtung London, woher der Zug kommt. Das Bild ist zugleich eines der ersten Beispiele der Eisenbahn in der Kunst.

1923 fand das Grouping statt, die Zusammenlegung verschiedener Eisenbahnen in vier große Gesellschaften, die Big Four. Die Great Western Railway behielt ihren Namen. Die Verstaatlichung der Eisenbahnen wurde 1948 durchgeführt, der Namen der Bahngesellschaft war nun British Railways, ab 1968 dann British Rail. Die British Rail wurde 1994 zerschlagen und privatisiert. Das Goldene Zeitalter der Eisenbahn in Britannien war zu Ende gegangen. 1994 wurde die neue First Great Western gegründet.

LNER

Die zweitgrößte Gesellschaft der Big Four war die London and North Eastern Railway. 1923 entstand sie durch den Zusammenschluss von Great Eastern Railway, Great Central Railway, Great Northern Railway, Great North of Scotland Railway, Hull and Barnsley Railway, North British Railway, North Eastern Railway.

Eine der berühmtesten Lokomotiven der Welt ist die Flying Scotsman, die vor den gleichnamigen Schnellzug zwischen London und Edinburgh gespannt war. Die Lok der Bauart 2´C1´ h3 (4-6-2) mit der Nr. 4472 war im Jahr 1923 gebaut worden. Sie war die erste Serienlok der Klasse A1. 1934 erreichte sie eine Geschwindigkeit von 160 km/h. 1963 wurde sie außer Dienst gestellt. Sie ist betriebsfähig und ging 1969 auf Tournee durch USA und Kanada. Ihr Standort ist das Steamtown Museum Carnfort.

Die Lok 4472 ist auch ein Filmstar. 1929 wurde der britische Film »The Flying Scotsman« gedreht. Es geht um Rache und Liebe. Der Film »Terror by Night« (deutscher Titel »Juwelenraub«) von 1946 spielt im Flying Scotsman. Ebenso der Film »The Flying Scot« (»Geldraub im Nachtexpress«) von 1957, ein Film um Sherlock Holmes.

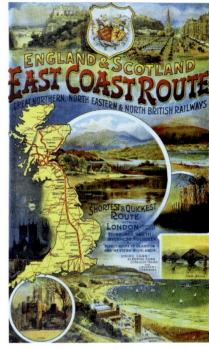

Die East Coat Route der GNR, NER & NBR, Plakat um 1895.

Lok 4472 Flying Scotsman in der grafischen Rekonstruktion von Uwe Jarchow.

Historischer Moment: Der »Flying Scotsman« verlässt am 1. Mai 1928 Kings Cross, um erstmals ohne Halt bis nach Edinburgh zu fahren.

Der »Flying Scotsman« verlässt London. Dabei gibt es eine Parallelfahrt.

Letzter Glanz der Nachkriegszeit: Die englische Weltrekordlok »Mallard« wartet im Jahr 1948 als Zuglok des »Flying Scotsman« auf die Abfahrt nach Edinburgh.

Plakat für »The Night Scotsman«, den Nachtzug nach Schottland, Plakat von Robert Bartlett, um 1930.

Silver Link mit dem Zug Silver Jubilee.

Die Filme werden vorgestellt im Buch »Die Eisenbahn als Filmstar«, transpress 2015.

Ein berühmter LNER-Zug war der Silver Jubilee, in Dienst gestellt anlässlich des silbernen Jubiläums von King George V. Der Zug war silbern lackiert. Von 1935 bis zum Krieg 1939 verkehrte der Silver Jubilee zwischen London King´s Cross und Newcastle. Die erste Stromlinien-Lok der neuen Klasse A4, Bauart 4-6-2 (2´C1´ h3) Pacific hatte die Nr. A4-2509 und hieß Silver Link, drei weitere Loks wurden fabriziert.

Auch die LNER wurde 1948 verstaatlicht, bis 1968 hieß die Staatseisenbahn British Railways, dann British Rail, die 1994 zerschlagen und privatisiert wurde.

Plakat für Midland von Henri Gray, 1899.

LMS

Die London, Midland and Scottish Railway entstand auch 1923 durch das Grouping. Die London and North Western Railway wurde zusammengeschlossen mit der Furness, Midland, North Staffordshire, Caledonian, Glasgow and South Western, Highland Railways und einigen kleineren Companies. Das Streckennetz reichte von London bis hoch in den schottischen Norden und durch Ulster (Nordirland).

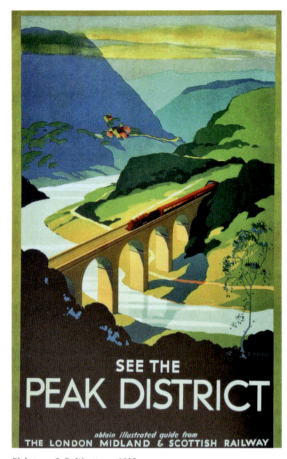

Plakat von S. R. Wyatt, um 1935.

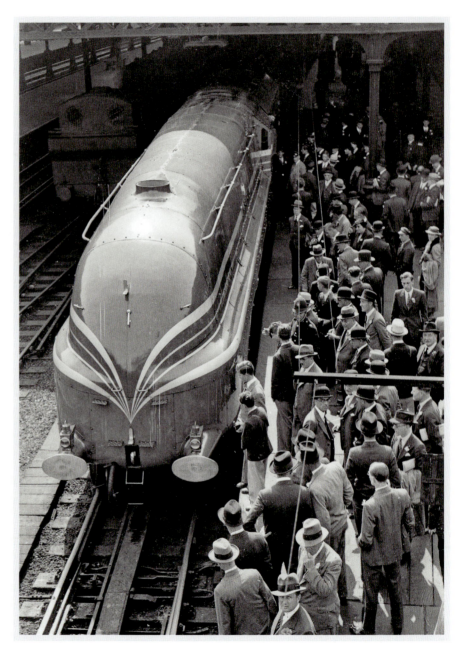

Jeder neue Zug brachte in London die Menschen auf die Beine: Der »Coronation Scot« verlässt am 23. Juni 1937 erstmals London Euston.

Weite Reise: 1939 war der britische »Coronation« sogar bei der New Yorker Weltausstellung zu Gast.

Der Atlantic Coast Express der SR, Plakat von Charles Shepherd, 1936.

Die Midland Railway, die später zur LMS gehörte, warb schon 1899 für das komfortable Reisen auf der besten Route. Und mit der LMS ging es in den Peak District, den wunderschönen Nationalpark im Norden Englands.

In Konkurrenz zur LNER und ihren Zügen The Flying Scotsman und Silver Jubilee stellte die LMS ihren Schnellzug Coronation anlässlich der Krönung Königs George VI im Jahr 1937 in Dienst. Die Pacific-Loks 4-6-2 (2′C1′ h4) der Coronation Klasse mit Stromlinienverkleidung wurden mit insgesamt 38 Stück gebaut. Bei einer Testfahrt für die Presse erreichte der Zug eine Höchstgeschwindigkeit von 183 km/h.

Die Loks der Coronation-Klasse wurden später entkleidet und fuhren als normale Schnellzug-Lokomotiven. Drei Exemplare blieben erhalten, eine Maschine erhielt wieder ihre Stromlinienverkleidung und ist im Railway Museum York zu bewundern.

Wie alle Bahngesellschaften wurde LMS 1948 verstaatlicht, schließlich wurde British Rail 1994 aufgelöst und privatisiert. Die Lokomotiven der Coronation Class waren eine vergrößerte Weiterentwicklung der Princess Royal Class, konstruiert von dem berühmten Sir William Arthur Stanier (1876–1965). In der Stromlinienversion hatten die Loks eine Länge von 22,498 Metern.

SR

Die Southern Railway, die kleinste Company der Big Four, wurde 1923 vor allem von den Eisenbahngesellschaften London and South Western Railway, London, Brighton and South Coast Railway und der South Eastern and Chatham Railway gebildet. Auf dem Streckennetz hauptsächlich südlich und östlich von London wurde meist der Personenverkehr in der Region London durchgeführt. Mehr als ein Viertel der britischen Passagiere wurde von der SR befördert.
Nach Verstaatlichung 1948 und Privatisierung 1994 gab es die South Central Railway, die seit 2004 wieder den traditionellen Namen Southern trägt.

CANADIAN PACIFIC RAILWAY

Der erste transkontinentale Zug Kanadas erreicht am 4. Juli 1886 Fernie (British Columbia). Die Strecke der Canadian Pacific Railway entstand zwischen 1881 und 1885.

FAST 22.300 KILOMETER umfasst das Schienennetz der Canadian Pacific Railway (CPR), das quer durch das große Land die Atlantik- mit der Pazifikküste verbindet, viele Nebenstrecken ergänzen diese Eisenbahn, die auch Tochterunternehmen in den USA betreibt.

Zwischen 1881 und 1885 wurde die Hauptstrecke der transkontinentalen Eisenbahn zwischen Montréal und Vancouver erbaut. Die vielen tausend Arbeiter, europäische Einwanderer und zum Teil aus China angeheuert, schufteten unter brutalen Bedingungen.

Vom Bau der CPR und von Liebe und Intrigen handelt der US-amerikanische Spielfilm »Canadian Pacific« von 1949 mit Randolph Scott und Jane Wyatt in den Hauptrollen, zudem spielt die CPR-Lok No. 30 eine wichtige Rolle. Vorgestellt wird der Film im Buch »Die Eisenbahn als Filmstar«, transpress 2015.

Die CPR beförderte Touristen quer durchs schöne Land mit Schlafwagenzügen wie dem Trans-Canada Limited.

Zum 50. Jubiläum der transkontinentalen Eisenbahnverbindung wurden 1936 fünf leichte Schnellzugloks 4-4-4 (2´B 2´) in Dienst gestellt. The Chinook CPR Jubilee 3001 war die erste ihrer Art, vier weitere Maschinen folgten. Den Namen trug sie zu Ehren eines indianischen Volks im Nordwesten. Die teilweise stromlinienförmig verkleidete Jubiläumslok erzielte mit 181 km/h einen Geschwindigkeitsrekord. Auf der Route zwischen Edmonton und Calgary waren die Loks der F2a 3000 Klasse bis 1955, mit einigen Unterbrechungen im Krieg, in Betrieb.

Ein Zug der Canadian Pacific Railway durchquert im Jahr 1888 die Sierra Nevada.

 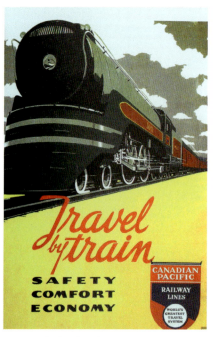 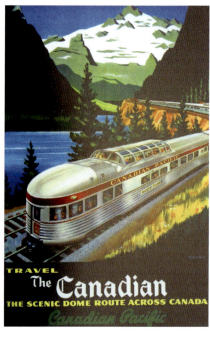

Werbung für den Schlafwagenzug Trans-Canada Limited, Plakat von Gordon Fraser Gillespie, 1925.

Zug mit Lok The Chinook CPR Jubilee 3001, Plakat von Norman Fraser, um 1940.

The Canadian über die Banff-Lake Louise Route durch die Canadian Rockies, Plakat von Roger Couillard, 1955.

The Canadian

Eine neue Zeit hatte nach dem Krieg begonnen. Die CPR bestellte zunächst 155 stählerne Stromlinienwagen bei der Budd Company in Philadelphia (heute zu Bombardier gehörig), 18 Wagen waren Panoramawagen mit großen Fenstern und gläsernem Kuppeldach (Dome Cars), weitere Wagen folgten. Die Wagen wurden luxuriös ausgestattet, bekannte kanadische Künstler hatten die Wandbilder gestaltet.

The Canadian wurde 1955 in Dienst gestellt. Neue Dieselloks zogen die Züge, bis 1959 kamen noch einzelne Dampfloks zum Einsatz. Der repräsentative Zug wurde zum fahrenden Warenzeichen der CPR und erhielt den Namen The Canadian – Le Canadien. Er verkehrte auf der 4.466 km langen Strecke zwischen Vancouver und Sudbury in Ontario. Hier wurde der Zug geteilt, eine Hälfte fuhr nach Toronto, die andere über Ottawa nach Montréal. 1990 wurden ein anderer Zuglauf eingeführt und der Fahrplan eingeschränkt.

CPR entwickelte sich zum größten Transportkonzern der Welt mit Schifffahrt, Luftfahrt, LKW-Transporten, war in der Telekommunikation und im Minen-, Erdöl- und Erdgasgeschäft tätig.

1978 wurde der Eisenbahn-Personenverkehr an VIA Rail übergeben. 2001 wurden die einzelnen Gesellschaften der CPR eigenständige Unternehmen.

Die Lok No. 30, eine 2´B-Maschine der CPR, die in dem Film »Canadian Pacific« eine Hauptrolle spielte, wurde in den 1940er Jahren außer Dienst gestellt.

USA The American Railway

Die erste transkontinentale Eisenbahnstrecke entstand von 1863 bis 1869 westlich der Flüsse Mississippi und Missouri, um die Pazifikküste nahe der San Francisco Bay mit dem vorhandenen US-Streckennetz bei Council Bluffs, Iowa, zu verbinden. Sie trug zunächst den Namen Pacific Railroad, wurde später Overland Route genannt und hatte eine Länge von 3.069 Kilometern. Die Strecke wurde am 10. Mai 1869 mit dem feierlichen Einschlag des letzten Nagels bei Promontory Summit eröffnet.

Festlich geschmückter Eröffnungszug für die Transkontinentalstrecke der Northern Pacific Railroad im Jahr 1883.

DER WEG DER US-AMERIKANISCHEN EISENBAHN vom Eisernen zum Goldenen Zeitalter ist schon beschrieben worden (siehe Seite 16). Der weitere Weg ins glanzvolle 20. Jahrhundert, in Krise und neuen Aufschwung sei am Beispiel einiger berühmter Züge und Lokomotiven dargestellt.

Die vielen Eisenbahngesellschaften in diesem großen Land lieferten sich zum Teil erbitterte Konkurrenzkämpfe. Die großen Companies übten große Macht aus. Cornelius Vanderbilt von der New York Central Railroad NYC sei genannt. In der Weltwirtschaftskrise 1929 gingen einige Eisenbahnen Pleite, andere fusionierten.

Die Stromlinie kommt: Der neue »20th Century Limited« (New York–Chicago) der New York Central unternimmt am 9. Juni 1938 von der Station La Salle Street in Chicago aus eine Testfahrt. Der Planeinsatz begann eine Woche später. Der vom erst 32-jährigen Henry Dreyfuss designte Zug besaß als erster in den USA Einzel-Schlafabteile.

New York Central

Schon von 1902 bis 1967 verkehrte der Luxuszug mit Namen 20th Century Limited der NYC zwischen dem Grand Central Terminal in New York und der LaSalle Street Station in Chicago. Dieser Zug war weltberühmt und eine nationale Institution der USA. Ab 1928 wurden vor die Züge die Hudson-Loks gespannt, die ihren Namen dem Hudson River verdankten, durch das die Züge fuhren. Die Bauart der neuen Loks war 2´C2´ 2h (4-6-4). Sie wurden von der ALCO American Locomotive Company in Schenectady, N. Y., gebaut.

Der 20th Century Limited ist Schauplatz der köstlichen Filmkomödie »Twentieth Century« (deutscher Titel: »Napoleon vom Broadway«), die Howard Hawks 1934 drehte. Mehr zu diesem Film im Buch »Die Eisenbahn als Filmstar«, transpress 2015.

1937 und 1938 lieferte ALCO 50 Loks der Weiterentwicklung, genannt Super Hudsons. Zwölf Maschinen erhielten von Henry Dreyfuss eine Stromlinienverkleidung. Eine solche Lok zählte zu den Superstars der Show »Railroads on Parade« auf der New York World´s Fair 1940.

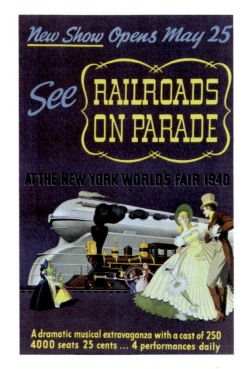

Auf dem Plakat für die Show »Railroads on Parade« 1940 posiert die Super Hudson in Stromlinienverkleidung neben der kleinen Westernlok.

Die Hudson-Lok der NYC in der grafischen Rekonstruktion von Uwe Jarchow.

Der Burlington Zephyr in einer späteren Ausführung mit zurückgesetztem Führerstand.

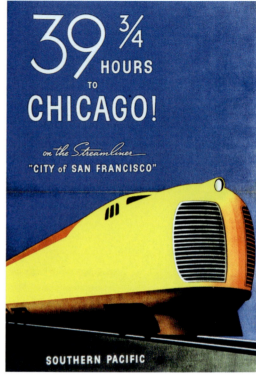

City of San Francisco mit dem Triebkopf M-10004, Plakat 1936.

Zephyr

Die Verkörperung des Westwinds in der griechischen Mythologie heißt Zephir und ist der Sohn der Göttin der Morgenröte Eos/Aurora. Ein Zug mit diesem Namen muss außergewöhnlich sein. Zephyr war der erste Stromlinienzug im Personenverkehr der USA. 1934 in der Budd Company in Philadelphia gebaut, war der 60 Meter lange Zug ein Pionier des Eisenbahnbaus und wurde Pioneer Zephyr genannt. Der aus rostfreiem Stahl hergestellte Zug wurde auch Silver Streak genannt. Er erreichte eine Höchstgeschwindigkeit von 181 km/h. Der Dieseltriebwagen der Bauart Bo´2´2´ war für die CB&Q Chicago, Burlington and Quincy Railroad gefertigt worden und hieß dann Burlington Zephyr. Zunächst war er zwischen Kansas City, Omaha und Lincoln in Nebraska eingesetzt, später auch auf anderen Strecken.

1960 wurde der Zephyr außer Dienst gestellt und ist im Museum of Science and Industry in Chicago zu bestaunen.

City of San Francisco

Im Mai 1936 stellte die Union Pacific den Zug namens City of Los Angeles als Stromlinienzug in Dienst. Im Juni nahm als vierter Streamliner der UP der Zug City of San Francisco als Luxus-Nachtzug den Betrieb auf. Er war zugleich der erste Stromlinienzug auf der ersten transkontinentalen Strecke der USA. Der Zug, der in Zusammenarbeit der UP mit der Southern Pacific und der Chicago & North Western betrieben wurde, verkehrte zwischen Chicago und Oakland Pier mit

Der Stromlinien-Triebzug der Union Pacific wurde im Hochgeschwindigkeitsverkehr eingesetzt. Das diesel-elektrisch angetriebene Fahrzeug besaß einen 900 PS starken Zwölfzylinder-Dieselmotor. Bei einer Rekordfahrt legte der Zug 1934 die 3.334 Meilen lange Strecke von Los Angeles nach New York in 56 Stunden und 55 Minuten mit einer Durchschnittsgeschwindigkeit von knapp 100 km pro Stunde zurück. Die zeitweilige Höchstgeschwindigkeit betrug 192 km pro Stunde.

Fähranschluss nach San Francisco. Die Fahrtzeit betrug nun 39 Stunden und 45 Minuten. Der Diesel-Triebkopf M-10004 war bis 2. Januar 1938 in Betrieb, dann wurde der Zug mit Dieselloks EMC E2 ausgestattet. Ab September 1947 fuhr City of San Francisco täglich. 1949 begann der California Zephyr der Burlington Route, der Denver & Rio Grande Western und der Western Pacific der City of San Francisco Konkurrenz zu machen.

Nachdem der Personenzugverkehr am 1. Mai 1971 von Amtrak übernommen worden war, fuhr die City of San Francisco nur noch ein Jahr lang. Amtrak ist der Namen, unter dem die National Railroad Passenger Corporation seit 1971 den größten Teil des Personen-Fernverkehrs auf Schienen betreibt.

Daylight

Southern Pacific Railroad (SP) mit Sitz in San Francisco, Kalifornien, ließ sich 1941 und 1942 insgesamt 28 Dampfloks in Stromlinienverkleidung von der LIMA Machine Works in Lima, Ohio, bauen. Diese Loks vom Typ Northern 4-8-4 (2´D2´) waren in die SP-Klasse GS-4 eingeordnet, Betriebsnummern 4430-4457; GS bedeutet sowohl Golden State, die Bezeichnung für Kalifornien, als auch General Service.

Die eleganten Loks waren den SP-Schnellzügen Coast Daylight, San Joaquin Daylight und Sunset Limited vorgespannt. Die GS-4443 zog 1957 den letzten Dampfzug der SP. Die 4449 ist betriebsfähig und im Oregon Rail Heritage Center beheimatet.

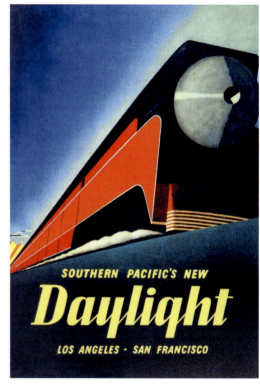

Eine elegante Lok der SP-Klasse GS-4 vor einem Daylight Express.

DIE DEUTSCHE REICHSBAHN
in den 1930er Jahren

DIE DEUTSCHE EISENBAHN GLÄNZTE VON AN-BEGINN durch ihre Lokomotiven und Züge, die zum Teil einzigartig waren. Am Anfang dieses Buches ist die Entwicklung in den deutschen Landen geschildert.

Zu den einzigartigen Lokomotiven zählt zum Beispiel die bayer. S 2/6, Bauart 2´B2´ h4v, die 1906 als Einzelexemplar von Maffei an die Königlich Bayerischen Staatseisenbahnen geliefert wurde. 1907 erreichte sie die Höchstgeschwindigkeit von 154,5 km/h. Weltrekord. Bis 1925 war die S 2/6 in Dienst.

Die Königin der Dampflokomotiven S 3/6

Die Königin der Dampflokomotiven ist die bayer. S 3/6, 2´C1´ h4v, die später in die Baureihe 18 eingeordnet wurde. Von 1908 bis 1930/31 wurden in verschiedenen Serien von Maffei, Henschel und anderen Lokomotivfabriken insgesamt 149 Stück gebaut. Diese Loks waren zuerst im bayerischen Schnellzugdienst eingesetzt, später vor vielen Schnellzügen der Deutschen Reichsbahn, zum Beispiel auch vor dem Rheingold. Erhalten geblieben sind Exemplare im Verkehrsmuseum Luzern, im Deutschen Museum München, im Eisenbahnmuseum Neustadt an der Weinstraße, auf dem Gelände von Krauss-Maffei in München. Die 18 478 des Bayerischen Eisenbahnmuseums in Nördlingen ist die einzige betriebsfähige Königin der Dampflokomotiven.

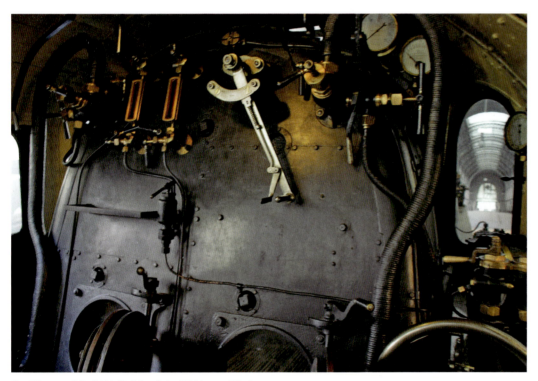

Der Führerstand der S 2/6; die Lok steht im DB Museum Nürnberg.

Die 18 478, die einzige betriebsfähige S 3/6, in Doppeltraktion mit der 01 519.

Der Schienenzeppelin war eine Attraktion und sorgte für Aufsehen.

Stromlinien-Lokomotiven

Wie in aller Welt wurden auch in Deutschland Lokomotiven mit Stromlinienverkleidungen gebaut. Die Loks der deutschen Baureihe 01 hatten sich als sehr tüchtig erwiesen, aber für einige Strecken waren sie zu schwer. So entstanden ab 1930 die Schnellzugloks der Baureihe 03, Bauart 2´C1´ h2. 1980 PS erlaubten eine Höchstgeschwindigkeit von 130 km/h. Bis 1937 wurden 298 Maschinen in Dienst gestellt. Einige erhielten teilweise oder komplette strömungsgünstige Verkleidungen.

Nach dem Krieg wurden die verbliebenen Loks zum Teil umgebaut, die bei der DB wurden als Baureihe 003 geführt, die bei der DR der DDR als 03.2. Im Westen wurden die Loks nach 1966 ausgemustert, im Osten bis 1980.

Lok 03 002, 1930 bei Borsig in Berlin produziert, wurde 1983 zum Dampfspender umgebaut. Das Eisenbahn & Technik Museum Rügen beauftragte 1999 das Dampflokwerk Meiningen mit der Rekonstruktion der Lok mit Stromlinien-Verkleidung. 2001 wurde die 03 002 als Museumslok nach Prora auf Rügen überführt.

Der Schienenzeppelin

Auf der ILA, der Internationalen Luftschiffahrt-Ausstellung in Frankfurt am Main, soll 1909 ein Schienenfahrzeug mit Propellerantrieb vorgeführt worden sein. Weitere Versuche fanden in der Folgezeit statt. Franz Friedrich Kruckenberg (1882–1965) konstruierte schließlich einen Flugbahnwagen, der durch eine Luftschraube angetrieben wurde. Dieser aerodynamische Schienenzeppelin wurde in Leichtbauweise im Reichsbahn-Ausbesserungswerk Hannover-Leinhausen fabriziert. Der zweiachsige Triebwagen war 25.850 mm lang. Die Luftschraube am Heck wurde durch einen Zwölfzylinder-Flugmotor von BMW, der 600 PS leistete, angetrieben.

Erste Testfahrten wurden 1930 durchgeführt. Am 10. Mai 1931 erzielte der Schienenzeppelin erstmals eine Geschwindigkeit von mehr als 200 km/h. Und am 21. Juni 1931 fuhr er in 98 Minuten die 257 Kilometer lange Strecke zwischen Hamburg-Bergedorf und Lehrter Bahnhof in Berlin. Kruckenberg steuerte selbst sein Fahrzeug und erreichte eine Höchstgeschwindigkeit von 230,2 km/h. Weltrekord für 24 Jahre.

Kruckenberg baute seinen Schienenzeppelin mehrmals um, die Erfahrungen aus diesem Fahrzeug kamen späteren Triebwagen zugute. 1934 übernahm die Reichsbahn den Wagen, stellte ihn in Berlin ab. Er verrottete und wurde 1939 verschrottet.

Die rekonstruierte 03 002 im Eisenbahn & Technik Museum Rügen.

Teilansicht der 05 001 im DB Museum Nürnberg.

Die ehemalige 61 002, nach dem Umbau 18 201, in der roten Sonderlackierung 2002 bis 2005 des Sponsors Roco.

Die 05 001 im DB Museum Nürnberg ist eine Stromlinienlok, 1935 bei Borsig gebaut, war die erste von drei Loks, 2´C2´ h3, die eine Höchstgeschwindigkeit von 200 km/h erreichen konnte. Die drei Loks wurden bei der DB entkleidet und 1958 ausgemustert. Die 05 001 wurde rekonstruiert und ist im DB Museum Nürnberg ausgestellt.

Die zwei Loks der Baureihe 06, 06 001 und 06 002, Bauart 2´D2´h3, waren die größten und schwersten Lokomotiven der Reichsbahn, wurden 1936 bei Krupp gebaut, 1939 in Dienst gestellt, kaum verwendet, 1945 durch Bomben beschädigt und verschrottet.

Die eine Stromlinien-Lok der Baureihe 61, 61 001, 1934 in der Bauart 2´C2´ h3 bei Henschel gebaut, wurde bei der DB 1952 ausgemustert und verschrottet. Die stärkere Schwester 61 002, 1939 in der Bauart 2´C3´ h3 hergestellt, wurde auch auf der Strecke Berlin–Dresden mit angehängten Wegmann-Stromlinienwagen eingesetzt. Nach dem Krieg verblieb sie bei der DR der DDR. Ihre Stromlinienverkleidung wurde entfernt und sie beförderte Personenzüge. Im Raw Meiningen, dem heutigen Dampflokwerk der DB, wurde die 61 002 umgebaut, erhielt eine Teilverkleidung, war nun eine 2´C1´ h3 mit der neuen Betriebsnummer 18 201. Bei einer Testfahrt 1972 erreichte sie eine Geschwindigkeit von 182 km/h. Damit ist sie die schnellste betriebsfähige Dampflok der Welt.

Das Ende des GOLDENEN ZEITALTERS

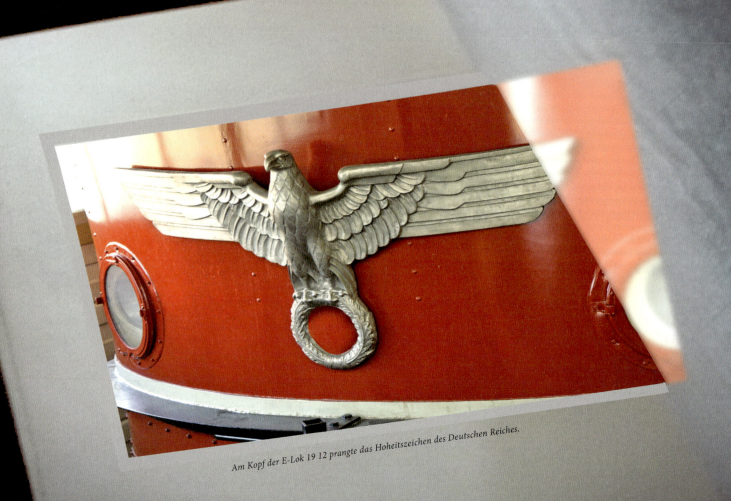

Am Kopf der E-Lok 19 12 prangte das Hoheitszeichen des Deutschen Reiches.

Letzter Glanz der Dampflok-Technik: 61 001 war eine der ersten Stromlinien-Dampfloks der Deutschen Reichsbahn. Am 11. Mai 1936 passierte die Maschine mit dem legendären Henschel-Wegmann-Zug als D 53 Dresden–Berlin die Elbbrücke vor dem Bahnhof Dresden-Neustadt.

1933. DIE WELTWIRTSCHAFTSKRISE WAR AM ABKLINGEN. Der Zulauf zur antisemitischen und arbeiterfeindlichen Nationalsozialistischen Deutschen Arbeiterpartei NSDAP nahm ab. Die führenden Kreise in Deutschlands Wirtschaft und Politik gedachten aber, sich eines starken Mannes zu bedienen. So erklärte der Reichspräsident, der monarchistisch gesinnte Feldmarschall a. D. Hindenburg, unter Umgehung der Verfassung am 30. Januar 1933 Adolf Hitler zum Reichskanzler. Unverzüglich begann eine Politik der Unterdrückung und Unterwerfung. Der Reichstagsbrand am 28. Februar 1933 war Anlass, politische Gegner brutal zu verfolgen. Die ersten Konzentrationslager wurden eingerichtet. Juden, Roma und Sinti wurden geschunden und ermordet. Am 1. September 1939 begann in Europa der Zweite Weltkrieg durch den Überfall auf Polen. In Asien hatte er schon 1937 durch die Eroberungspolitik des kaiserlichen Japan begonnen.

Die Deutsche Reichsbahn unterwarf sich willig der Nazi-Politik. Die Züge transportierten massenhaft Soldaten, Waffen und Ausrüstung an die Fronten. Aus den eroberten Ländern brachten sie geraubte Güter wie Lebensmittel, Produkte von Handwerk und Industrie, Kunstgegenstände und Luxusgüter ins Reich. Die Züge transportierten Gefangene und Zwangsarbeiter, verschleppten Juden, Sinti und Roma in die KZs zur Ermordung, brachten politische Gefangene in die Lager. Die Reichsbahn funktionierte nach dem Motto »Räder müssen rollen für den Sieg.«

Das Zeitalter hatte sich in die SA-braune und SS-schwarze Epoche verwandelt. Die Lokomotiven trugen die Embleme das Regimes. Zum Beispiel die elektrische Schnellfahrlokomotive E 19 12, 1938 von Siemens/Henschel gebaut. Die zu ihrer Zeit schnellste E-Lok stand im DB Museum Nürnberg und war Ziel nicht nur von Eisenbahnfreunden. Alte und neue Nazis von überall her kamen ins Museum, ergötzten sich an Reichsadler und Hakenkreuz und feierten das Nazi-Regime.

Inzwischen ist die Lok E 19 12 ins Depot gegeben worden, um die Verherrlichung der Nazi-Zeit im Museum zu unterbinden.

Über GRENZEN hinweg

Ein TEE-Triebzug der Baureihe VT 11.5 der Deutschen Bundesbahn wartet in Frankfurt am Main auf die Abfahrt. Dabei wird er genau unter die Lupe genommen.

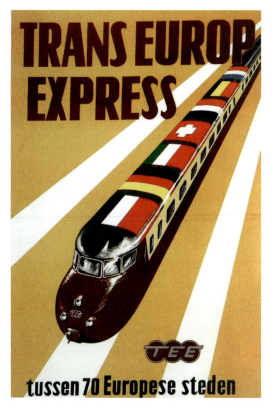

Internationales Plakat für den TEE, um 1958.

DB-Plakat für den TEE mit Lok Adler anlässlich des Jubiläums 125 Jahre Deutsche Eisenbahn, 1960.

Der Schriftzug TEE auf dem Triebkopf.

Trans Europ Express

Das Tausendjährige Reich der Nazis dauerte zum Glück nur zwölf Jahre, die aber ausreichten, unermessliche Verbrechen und unberechenbare Schäden anzurichten. Am 8. Mai 1945 hatte das Deutsche Reich kapituliert. Deutschland wurde in drei Westzonen und eine Ostzone geteilt. Aus den Westzonen wurde ein Staat gebildet und am 23. Mai 1949 wurde das Grundgesetz für die Bundesrepublik Deutschland verkündet.

Aus der DR Deutsche Reichsbahn wurde im Westen die DB Deutsche Bundesbahn. Der Personen- und Güterverkehr der DB wurde stetig erweitert. Seit 1951 verkehrten wieder die Rheingold-Züge (siehe Seite 45), Luxus-Fernzüge, die später in das System der Züge des TEE Trans Europ Express integriert wurden. Die Goldenen Zeiten waren wieder Gegenwart geworden.

Auf Initiative des Präsidenten der Niederländischen Eisenbahnen, Dr. M. Hollander, vereinbarten 1955 die Eisenbahnen von Belgien, der Bundesrepublik Deutschland, von Frankreich, Italien, Luxemburg, den Niederlanden und der Schweiz – Spanien kam später dazu – einen erstklassigen und komfortablen Reisezugschnellverkehr zwischen den großen westeuropäischen Städten einzurichten.

Aufgrund der Erfahrungen mit Schnelltriebwagen seit den 1930er Jahren wurde auf deutscher Seite bei MAN in Nürnberg, bei Wegmann in Kassel und Linke-Hofmann-Busch in Salzgitter die Neukonstruktion VT 11.5, ab 1968 Bau-

Das Zuglaufschild vom Alpen-See-Express.

reihe 601 genannt, entwickelt. Weil viele Hauptstrecken in Europa noch nicht elektrifiziert waren, wurden Dieseltriebwagen gebaut. Die deutschen Züge, die seit 1957 geliefert wurden, bestanden aus zwei Triebköpfen B´2´ und 2´B´, waren 19.200 mm lang, hatten eine Motorleistung von 2 x 1100 PS und fünf Mittelwagen. Die Züge, die solche schönen Namen trugen wie Le Mistral, L´Oiseau Bleu, Parsifal, Edelweiss, Blauer Enzian, L´Étoile du Nord, Gambrinus, Helvetia, Rheinpfeil, Saphir, Alpen-See-Express, waren mit einer Höchstgeschwindigkeit von 140 km/h unterwegs.

Ab 1970 wurden vier Triebköpfe umgebaut. Bei ihnen erfolgte der Antrieb nicht mehr durch zwei Dieselmotoren, sondern durch Gasturbinen. Diese erneuerten Triebköpfe, nun Baureihe 602, erbrachten eine Höchstgeschwindigkeit von 160 km/h. Erkennbar sind diese Triebköpfe an den großen Lufteinlässen vor dem Führerhaus, um die Turbine mit Sauerstoff zu versorgen. Diese neue Art setzte sich nicht durch. Die Motoren waren zu laut, der Treibstoffverbrauch war zu groß. Ein Triebkopf der neuen Art ist in der Wagenhalle 2 des DB Museums Nürnberg zu sehen.

Ab 1965 wurden bei der DB auch schnelle und starke E-Loks vor die TEE-Züge gespannt. Zum Beispiel Loks der Baureihen E 03 oder E 10. Die E 10 1311 ist auf einem

TEE mit Triebkopf Baureihe 601 beim DB Museum Nürnberg.

DB-Plakat von 1966 zu sehen. Sie fährt durch eine Schneelandschaft. »Alle reden vom Wetter – Wir nicht.« ist zu lesen und die Aufforderung »Fahr lieber mit der Bundesbahn«. 1968, im Jahr der großen Revolte veröffentlichte der Sozialistische Deutsche Studentenbund ein rotes Plakat mit den Porträts von Marx, Engels und Lenin und dem Spruch »Alle reden vom Wetter – Wir nicht.«

1988 schied die letzte TEE-Garnitur aus dem Dienst. Die InterCity- und EuroCity-Züge übernahmen die Zugverbindungen durch Europa. Ein TEE ist auf dem Freigelände des DB Museums Nürnberg abgestellt. Der Rheingold-Zug als TEE ist immer noch in Fahrt (siehe Seite 46).

DB-Plakat mit der TEE-Lok E 10 1311, 1966.

Der TEE Rheingold beim Sommerfest des DB Museums Nürnberg in Nürnberg Hbf.

Über die GRENZEN im OSTEN hinweg

Triebzug VT 18.16

Nach der Gründung der BRD Bundesrepublik Deutschland verwandelte sich die SBZ Sowjetische Besatzungszone am 7. Oktober 1949 in die DDR Deutsche Demokratische Republik. Die Eisenbahn hier behielt ihren Namen DR Deutsche Reichsbahn, um nicht durch eine Namensänderung auf ihren Status und ihre Rechte zu verzichten.

So wie in der BRD und Westeuropa die modernen Fernschnellzüge des TEE-Systems in Fahrt waren, so entstanden in der DDR die Luxus-Triebwagenzüge der Baureihe VT 18.16. Zum ersten Mal wurde der schöne und schnelle Zug, beim VEB Waggonbau Görlitz produziert, als Prototyp auf der Leipziger Frühjahrsmesse 1963 vorgestellt. Die Serienfertigung fand von 1965 bis 1968 statt. Insgesamt wurden zehn Triebzüge der Bauart B′2′2′B′ hergestellt. Die Baureihe VT 18.16 hat ihre Bezeichnung VT von Verbrennungstriebwagen, 18 steht für 1800 PS, 16 für 160 km/h. Je nach Anzahl der Mittelwagen waren die Züge vier-, fünf- oder sechsteilig.

Im Plandienst waren die Züge, deren Leistung auf 2 x 1000 PS gesteigert wurde, ab 1970 in der Baureihe 175 eingeordnet. Die Triebwagenzüge waren auf diesen Strecken eingesetzt: als »Berlinaren« zwischen Berlin und Malmö, als »Karlex« zwischen Berlin und Karlsbad, als »Karola«

Der Aufsichtsbeamte des Rostocker Hauptbahnhofs gibt am 23. August 1966 um 12.32 Uhr den Abfahrauftrag für einen VT 18.16. Als Ex 21 »Neptun« geht es nach Warnemünde zur Seereise nach Gedser mit der dänischen Hauptstadt Kopenhagen als Ziel.

Die 1963 verwirklichte Konstruktion des Görlitzer Schnelltriebwagens VT 18.16 erlaubte das Kuppeln sowohl mit der gleichen Bauart als auch mit einem Schnelltriebwagen der Vorkriegszeit. Am 23. August 1966 beweist das in Rostock Hbf der aus VT 18.16.04 und VT 137 273 (»Bauart Köln«) bestehende Ex 22 »Neptun«.

Eine Nohab-Diesellok vom Typ »My« wohnt im Sommer 1970 die Ausfahrt des vierteiligen Ex 22 »Neptun« aus dem Kopenhagener Hauptbahnhof bei. Nunmehr wird der Triebzug als 175 015/016 bezeichnet.

Der Zugbegleiter des »Vindobona« im zeitgenössischen Design.

zwischen Leipzig und Karlsbad, als »Neptun« zwischen Berlin und Kopenhagen, als »Vindobona« zwischen Berlin, Prag und Wien. Die Verbindung zwischen Berlin und Bautzen wurde Sorbenexpress genannt.

Ab Mitte der 1970er Jahre verringerten sich die Fahrten der Triebzüge, schließlich wurden nur noch Fahrten zur Leipziger Messe unternommen. 1985 endete der fahrplanmäßige Betrieb. Nach dem Beitritt der DDR zur BRD 1990 wurden die verbliebenen ehemaligen VT 18.16 in die neue Baureihe 675 eingeordnet. Eine Garnitur ging 2003 durch Deutschland und seine Nachbarländer auf Abschiedstour. Inzwischen sind alle Triebzüge ausgemustert.

In Berlin-Lichtenberg kümmert sich eine BSW-Gruppe der Stiftung Bahn-Sozialwerk um einen Triebzug. Eine Garnitur wurde in den Bestand des DB Museums aufgenommen. Ein Zug steht im Eisenbahnmuseum Chemnitz-Hilbersdorf.

Bahnfahren im Retrodesign: Der LOCOMORE

Derek Ladewig, der berufsmäßig im Bereich Verkehr, Bahn und Nahverkehr tätig war, vertritt die Ansicht, »dass man nachhaltig neue Fahrgäste gewinnt, wenn die Reisenden echte Wahlmöglichkeiten zwischen Angeboten verschiedener Beförderungsunternehmen haben«. Deshalb sollte seine Zugidee, der »Locomore« (was sowohl englisch als auch deutsch ausgesprochen werden darf), ursprünglich auch keine Konkurrenz zur Deutschen Bahn sein, sondern wollte eher als eine Alternative zum Fernbus verstanden wissen. Doch es kam anders…

Doch der Reihe nach erzählt. Das Geld für den neuen Zug besorgten sich Ladewig und seine Mitstreiter mittels Crowdfunding. Stolz bezeichnete sich Locomore deshalb auch als die erste Crowdfundig-Eisenbahn der Welt. Nach rund einem Jahr Vorlauf ging am 14. Dezember 2016 unter großer Anteilnahme der Medien der erste Zug auf die Reise.

Gezogen vom Taurus »Fitzgerald« der Firma Hector Rail fährt der erste Locomore bei der Eröffnungsfahrt am 14. Dezember 2016 in den Berliner Hauptbahnhof ein

Zug und Wagen

Ein von einer Lok gezogenen Zug bestand meist aus sechs bis acht Reisezugwagen, gezogen von einer modernen Elektrolok, die mit 100 Prozent Ökostrom angetrieben wurde. Die Wagen sind nicht ganz neu. Ein Investor erwarb neun alte Intercity-Wagen der Deutschen Bundesbahn aus dem Jahr 1977. Die Wagen wurden nach Rumänien gebracht und dort so aufarbeitet, dass sich die Reisenden darin wohlfühlen sollen. Dabei wurden in einige der alten Wagen moderne Großraumabteile eingebaut, während bei anderen der Einbau einer modernen Klimaanlage unterblieb, weil dies von zahlreichen Reisenden so gewünscht wurde. Sie möchten lieber das Fenster öffnen. Zentrales Herzstück des Zuges sind die beiden Multifunktionswagen mit Kiosk, Kinderspielecke und Transportplätze für die Fahrräder.

Für ein komfortables Reisen versuchte Locomore einen zeitgemäßen Service anzubieten: Modernisierte Wagen mit einem gewissen Komfort in Abteil- und Großraumwagen, kostenlose Sitzplatzreservierung, kostenloses WLAN, Tische mit Steckdosen, Catering am Platz mit einer vielfältigen Auswahl an ökofairen Produkten.

Abteile und Service

Reisenden wählten zwischen Bahnfahrten im Abteil oder im Großraumwagen, es stand aber auch eine Ruheabteil zur Verfügung für eine perfekte Entspannung (leise Musik hören mit eigenen Kopfhörern, lesen, dösen, die Landschaften sich vorbeiziehen lassen) oder konzentriertes Arbeiten oder Lernen. Hier bleibt das Handy aus und auch mit dem Nachbarn sollten keine Gespräche geführt werden. Geschäftsleute buchten den Business-Tarif. Ein Abteil für sechs Personen wurde nur mit drei Reisenden belegt, ab 60 Minuten Fahrt gehörten zum Business-Tarif ein Snack und zwei Heiß- oder Kaltgetränke, ein Komfortkissen zum Relaxen und um immer gut informiert zu sein, lag eine aktuelle Tageszeitung im Abteil.

Der besondere Gag waren die Themenabteile, wo man zu vorgegebenen Themen – dazu zählten beispielsweise die Eisenbahn, Gesellschaftsspiele oder auch der klassische Kaffeeklatsch – auf Gleichgesinnte treffen konnte. Natürlich gibt es auch für ein entspanntes Reisen mit Kindern Familienabteile im Großraumwagen. Dort steht mehr Platz für die Kleinen zur Verfügung. Familien freuen sich über einen Kleinkinderbereich, über Kinderbücher und Spielzeugkisten (je nach Angebot).

Das Farbdesign des Locomore ist eigenwillig aber auffällig – und das ist so gewollt.

Ende und Anfang

Die Preise bei Locornore waren günstig: Die gesamte Strecke von Stuttgart nach Berlin war ab € 22.- zu haben. Geschäftsführer Ladewig plante für die Zukunft weitere Strecken zwischen München und Frankfurt am Main, Berlin und Köln sowie Berlin und Binz auf Rügen. Doch obwohl der neue Zug bei der Kundschaft gut ankam und bis April 2017 rund 70.000 Fahrgäste die neue Verbindung nutzten, musste das Unternehmen Mitte Mai 2017 Insolvenz anmelden: Das Geld aus dem Crowdfunding war alle und ein dringend benötigter Investor hatte kurzfristig abgesagt.

Damit schien das Schicksal des Zuges besiegelt. Doch mit der Eröffnung des Insolvenzverfahrens am 1. August 2017 tat sich doch noch eine Lösung auf: Als neuer Betreiber des Locomore übernahm die deutsche Tochter des tschechischen Bahnbetreibers Leo Express die wichtigsten Teile von Locomore, inklusive der Mitarbeiter sowie der alten Schreibtische. Für den Vertrieb seiner Tickets gewann Leo Express einen wichtigen Partner: die Firma Flixbus. Beide Firmen arbeiten bereits in anderen europäischen Ländern in dieser Form zusammen. Es entbehrt natürlich auch nicht einer gewissen Ironie, war Locomore doch ursprünglich einmal als Konkurrent zum Fernbus angetreten.

Nichtsdestoweniger ist der Locomore als Zug von Leo Express in Kooperation mit Flixbus seit dem 24. August 2017 wieder unterwegs. Bis zum Lockdown im März 2020 waren die Locomore-Züge täglich für FlixTrain im Einsatz. Nach mehrjähriger Ruhepause werden ab 2022 unter der Marke Locomore ExtraZug individuelle Züge für private Feiern, Events und Betriebsausflüge usw. angeboten. Ab 2023 sind Locomore-Züge zu verschiedenen Urlaubszielen in Deutschland und Europa vorgesehen. Die Fahrpläne werden im Internet bekannt gegeben.

BERLINER BAHNSERVICE
Planufer 92 a
10967 Berlin
www.locomore.com
info@locomore.de

AUSSERGEWÖHNLICHE ERLEBNISSE:
Reisen mit Luxuszügen und Nostalgiezügen in aller Welt

GROSS IST DAS ANGEBOT AN LUXUS- UND NOSTALGIEZÜGEN: Eine vielfältige Auswahl wird hier vorgestellt. Wie wäre es mit einer spektakulären Alpenüberquerung, einer Fahrt mit Hogwarts Express, dem Harry-Potter-Zug, durch Schottland, dem Orient Silk Road Express durch den Orient, mit der Tibet Bahn durch China, mit der Pride of Africa oder dem Belmond Andean Explorer? Die Reisen sind häufig kombinierte Zug- und Busfahrten. Die Schienenkreuzfahrten werden von deutschprechenden Reiseleitern begleitet.

SCHWEIZ

Der Glacier Express

Im Juni 1930 fuhr zum ersten Mal der Glacier Express, GEX, von Zermatt in elf Stunden nach St. Moritz. Bis 1981 erreichte der Glacier Express 2.162 Meter Höhe. Diese Bergstrecke konnte jedoch nur im Sommer befahren werden. Der Zug erhielt seinen Namen von dem Rhônegletscher (französisch Gletscher: Glacier), weil man vom Zug aus auf diesen und andere Gletscher blickte. Nachdem 1982 der Furka-Basistunnel eröffnet wurde und den Ganzjahresbetrieb möglich machte, gibt es aber keine Sicht mehr auf die Gletscher. Seit 1993 werden ausschließlich Panoramawagen eingesetzt.

Mit dem Bähnli durch die Alpen

Die schönsten Bahnstrecken der Schweiz sind zu einer einzigartigen achttägigen Rundreise zusammengefügt worden. Der erste Tag dient der Anreise nach Luzern. Von hier geht es am zweiten Tag mit dem Golden Pass Panorama Express nach Montreux. Auf der 187 Kilometer langen Fahrt führt der Weg über den Brünig-Pass nach Interlaken, der Blick auf Eiger, Mönchen und Jungfrau ist zu genießen. Am dritten Tag ist Montreux zu erleben, auch eine Fahrt im historischen Raddampfer auf dem Genfer See. Mit den Zügen der Schweizerischen Bahnen und der Matterhorn Bahn geht es in den autofreien Kurort Zermatt. Am vierten Tag gibt es einen Ausflug mit der Gornergrat Bahn auf den 3.089 Meter hohen Gornergrat. Am fünften Tag findet die Fahrt mit dem Glacier Express von Zermatt nach St. Moritz statt. Auf dieser Reise im Panoramawaren ist die unberührte Berglandschaft zu bestaunen, tiefe Schluchten und liebliche Täler sind zu sehen. Durch 91 Tunnel und über 291 Brücken geht die Fahrt. Von Andermatt erklimmt der Zug den 2.033 Meter hohen Oberalp-Pass. Der berühmte Landwasser-Viadukt wird überquert und auf der Albula-Strecke mit Kehrschleifen, Brücken und Tunneln wird St. Moritz erreicht. Am sechsten Tag kann St. Moritz erkundet werden. Am siebten Tag steht ein Waggon des Alpine Classic Pullman Express von 1932 bereit für eine Fahrt auf der Berninabahn, UNESCO Welterbe. Am achten Tag heißt es Abschied nehmen von den Schweizer Bähnli, die Heimreise beginnt.

Der Glacier Express.

Der Kreisviadukt von Brusio.

Glacier Express
Lernidee Erlebnisreisen GmbH
Kurfürstenstraße 112
10787 Berlin
Tel 030/7 86 00 00
www.lernidee.de

Der Alpine Classic Pullman Express ist kein kompletter Zug, sondern ein Wagen, der an den Regionalzug gehängt wird.

Der Alpine Classic Pullman Express

Die Compagnie Internationale des Wagons-Lits (CIWL) baute im Jahr 1931 die Pullman-Salonwagen Nr. 103-106. Sie waren Teil des Golden Mountain Pullmann Express zwischen Interlaken und Montreux. Diesem Zug war keine Zukunft beschieden. Schon nach einer Saison wurde er nicht wieder eingesetzt. Die Wagen Nr.103-106 kaufte 1934 die Rhätische Bahn. Der Alpine Classic Pullman Express fährt als Glacier Pullmann Express zwischen St. Moritz und Zermatt.

Eine Reise mit dem Alpine Classic Pullman Express von St. Moritz nach Tirano

Mit dem Alpine Classic Pullman Express geht es von St. Moritz nach Tirano. Die Fahrgäste reisen luxuriös in den nostalgischen Salonwagen und Panoramawagen auf der Bernina-Linie. Zahlreiche Berühmtheiten wie beispielsweise Hillary Clinton und Königin Silvia von Schweden fuhren schon mit diesem Zug.

Der auch »Orient Express der Alpen« genannte Alpine Classic Pullman Express erinnert mit dem exzellenten rollenden Restaurant und einem Piano-Barwagen an die ehemaligen europäischen Luxuszüge.

Die Rhätische Bahn besitzt den einzigen originalen Luxuszug aus den Jahren 1920/30 in der Schweiz auf Meterspur.

ALPINE CLASSIC PULLMAN EXPRESS
Lernidee Erlebnisreisen GmbH
Kurfürstenstraße 112
10787 Berlin
Tel. 030/7 86 00 00
www.lernidee.de

RHÄTISCHE BAHN AG
Bahnhofstraße 25
CH-7001 Chur
Tel. +41 81 288 65 65
www.rhb.ch

Nostalgie und Komfort im Bernina Express.

So lässt sich die Schweiz von ihrer schönsten Seite erfahren.

Der Bernina Express

Die Rhätische Bahn führte 1973 den Bernina Express als eigenständigen Zug zwischen Chur und Tirano ein. Seit Mai 2000 kommen auf der Bernina-Linie fast ausschließlich Panoramawagen und seit 2010 Zweisystemtriebzüge vom Typ RHB Abe 8/12 Allegra von Stadler Rail zum Einsatz. So kann der Bernina Express die Strecke von Chur nach Tirano ohne Lokwechsel bewältigen. In dem Bahnhof von Pontresina schalten die Triebzüge das Stromsystem um. Die Höchstgeschwindigkeit beträgt 100 km/h, auf manchen Strecken wegen des Geländes nur 65 km/h.

Über Berg und Tal mit dem Bernina Express.

Eine Reise von Chur nach Tirano

Sie gilt als eine der spektakulärsten Alpenüberquerungen – eine Fahrt mit dem Bernina Express (BEX) von Chur (585 Meter ü. M.) über St. Moritz, Valposchiavo bis Tirano (429 Meter ü. M.). Bis Ospizio Bernina steigt die Strecke auf 2.253 Meter ü. M. Während der 144 Kilometer langen Fahrt geht es hoch hinauf in die Berge zu den in der Sonne glitzernden Gletschern, aber auch wieder tief hinunter ins paradiesische Italien.

Der Bernina Express ist die höchste Bahnstrecke über die Alpen, sie weist 55 Tunnel und 196 Brücken auf und meistert eine Steigerung bis zu 70 Promille. Ein brückenbautechnischer Höhepunkt ist der Kreisviadukt Brusio. Das wahrscheinlich beliebtestes Fotomotiv ist die Montebello Kurve. Beeindruckend auch die Fahrt über den 136 Meter langen Landwasser-Viadukt. Die Reisenden genießen eine fantastische Eisenbahnfahrt in modernen Panoramawagen mit uneingeschränkter Sicht auf Berge und Täler; die Strecke Thusis – Valposchiavo – Tirano gehört seit 2008 zum UNESCO Welterbe.

BERNINA EXPRESS
Rhätische Bahn AG
Bahnhofstraße 25
CH-7001 Chur
Tel. +41 81 288 65 65
www.rhb.ch

BAHNURLAUB
Rathausstraße 24
66914 Waldmohr
Tel. 0 72 42/9 53 58 42
www.bahnurlaub.de

Mit dem Swiss Alps Express zwischen Sts. Moritz und Zermatt.

Mit dem Sonderzug in die Schweizer Erlebniswelt.
Die Fahrt führt über 300 Brücken und durch 94 Tunnel.

Bernina Nostalgie Express

Eine Reise von Pontresia nach Tirano

Eine Fahrt mit dem Bernina Nostalgie Express (BNE) der Rhätischen Bahn im Vollcharter von Bahnurlaub.de verspricht eine faszinierende Reise zwischen Pontresina und Tirano und umgekehrt. Die Fahrt beginnt am Morgen mit den beiden historischen Triebwagen, den Nostalgiewagen der Holzklasse und dem Salonwagen der Luxusklasse, und ist am Nachmittag am Ziel. Wer mag, fährt eine Stunde später wieder zurück zum Ausgangsort. Eine Fahrt mit dem Bernina Nostalgie Express ist mit der Fahrt des Swiss Alps Express kombinierbar.

Mit dem Swiss Alps Express erleben die Reisenden eine Fahrt in einem aufwändigen Sonderzug mit großem Erlebniswert. Die Strecke beginnt in St. Moritz und endet in Zermatt oder umgekehrt, sie führt über die Albula-Strecke, den Oberalp-Pass und die Furka-Bergstrecke.

Der Bernina Nostalgie Express.

BERNINA NOSTALGIE EXPRESS
Swiss Alps Classic Express
Bahnurlaub
Rathausstraße 24
66914 Waldmohr
Tel. 0 63 73/81 17 23
Hotline 08 00/7 07 07 87
www.bahnurlaub.de

RHÄTISCHE BAHN AG
Bahnhofstraße 25
CH-7001 Chur
Tel. +41 81 288 65 65
www.rhb.ch

Die Fahrt führt über 300 Brücken und durch 94 Tunnel. Der Zug besteht aus konventionellen Reisezugwagen mit zu öffnenden Fenstern; über den Oberalp- und Furkapass ist ein Open-Air-Wagen eingereiht. Zu den Highlights gehören die Überquerung der Steffenbachbrücke, die im Winter zusammengeklappt wird, und die wildromantische Vorderrheinschlucht mit ihren 400 Meter hohen Kalkfelsen.

Der Swiss Alps Classic Express wird von einer historischen Balkonlokomotive HGe 4/4 1 mit ihren Vorbauten der früheren Glacier- Express-Lokomotive oder von einer schweren Diesellok HGm 4/4 61 oder 62 der Matterhorn Gotthard Bahn gezogen.

SPANIEN

Der Transcantábrico Gran Lujo auf einem Viadukt.

El Transcantábrico

Der Transcantábrico ist der älteste Luxuszug Spaniens. In ihm reisen die Gäste im Stil der 20er Jahre des vorigen Jahrhunderts zu den herausragenden Sehenswürdigkeiten des Landes. Wahre Kostbarkeiten des Zugs sind die vier Salon-Wagen. In dem luxuriösen Hotelzug finden die Reisenden viel Gelegenheit sich zu amüsieren oder zu relaxen oder andere Menschen kennen zu lernen. Der Barwagen leuchtet gleich einem Festsaal, es gibt eine Tanzfläche, Live-Shows; eine Bibliothek befindet sich auch an Bord des Zugs. Die Reisenden genießen nicht nur die Schönheit der Landschaften und die Ausflüge, sondern auch eine hervorragende Gastronomie und einen aufmerksamen Service an Bord.

Mit dem Transcantábrico durch Spaniens Berge.

Eine Reise durch Nordspanien

Die First-class-Reise mit El Transcantábrico Gran Lujo (großer Luxus) und luxuriösen Bussen findet zwischen San Sebastian und Madrid statt. Im Zug gibt es 14 Suiten mit Panoramafenstern für 28 Reisende. Jede Suite verfügt über einen Salon und ein Schlafzimmer sowie ein elegant ausgestattetes Badezimmer. Im schönen Speisewagen werden erstklassige Menüs serviert.

Die 14-tätige Gruppenreise beginnt in Bilbao mit verschiedenen kulturellen und kulinarischen Ausflügen. Am dritten Tag der Rundreise führt der Weg nach San Sebastián. Am vierten Tag heißt es herzlich willkommen an Bord von El Transcábrico Gran Lujo, dem rollenden Hotel auf Schienen. Hier beginnt die achttägige Zugreise. In Bilboa wird das berühmte Guggenheim-Museum des Stararchitekten Frank Gehry besucht. Danach geht's nach Santander, Kalabriens elegantester Hauptstadt. Am siebten Tag führt die Reise nach Altamira und ins Museum mit den originalgetreuen Reproduktionen der Höhlenmalereien. Weiter führt die Fahrt nach Orvieto und Luarca, der weißen Stadt an der grünen Küste. In Ferrol fährt ein Bus nach Santiago de Compostela, weiter nach Astorga und Léon. In Madrid endet die Reise.

Der Transcantábrico Clásico fährt über eine Brücke.

Der Salonwagen des Luxuszugs.

Eine Reise von Bilbao nach Porto

Der komfortable Transcantábrico Clásico stammt aus dem Jahr 1983 und wurde zwischen 1998 und 2001 komplett reaktiviert und modernisiert. Im Zug finden 52 Gäste in 26 stilvollen Abteilen mit privaten Badezimmern mit Hydrosauna, Turbomassage und Dampfbad Platz. Die erstklassigen Mahlzeiten werden im stilvollen Speisewagen eingenommen.

Eine 14-tägige Reise beginnt in Bilbao, es folgen San Sebastián mit der geschichtsträchtigen Altstadt und die mittelalterliche Stadt Pamplona. Am vierten Tag geht´s in die Riojastadt-Laguardia. Der Untergrund dieser Stadt besteht aus einem Labyrinth von Weinkellern. Auch die Städte Burgos und Léon stehen auf dem Programm. Ab dem fünften Tag beginnt die Reise mit dem Transcantábrico Clásico. Der Zug fährt mit einer Geschwindigkeit von etwa 50 km/h auf einer Schmalspurstrecke. Vorbei geht die Fahrt am Ebro-Staudamm, weiter durch die Region Las Merindales bis Villasana. Es folgen Bilboa, Santander und Altamira. Später erreicht der Zug Luarca, die weiße Stadt an der grünen Küste. Den zwölften und dreizehnten Tag verbringen die Gäste in Santiago de Compostela. Danach geht´s weiter nach Braga und Porto. Diese Stadt ist UNESCO Weltkulturerbe. Hier endet die Reise.

Al Andalús

Der Luxuszug Al Andalús gehört weltweit zu den komfortabelsten Zügen. Einst diente er der britischen Königsfamilie, um von Calais an die Côte d´Azur zu fahren. Die Waggons stammen aus den Jahren 1928 bis 1930. Der Zug wurde aufwändig und liebevoll restauriert und umgestaltet. Die originale Ausstattung im Stil der Belle Époque bietet den Reisenden jedwede Annehmlichkeiten. Die sieben Schlafwagen verfügen über Standardabteile, Superior-Abteile und Junior-Suiten, jeweils mit privaten Bädern. Jedes Abteil ist klimatisiert. Die Speisewagen sind ausgestattet mit lederbezogenen Mahagonimöbeln, es gibt einen Salonwagen, einen Spielwagen und einen Barwagen.

Eine Reise kreuz und quer durch Spanien

Der »Palast auf Rädern«, wie Al Andalús auch bezeichnet wird, fährt seine Passagiere auf drei Reisen durch Spanien von Süden (Sevilla) nach Norden (Santiago de Compostela), von Osten (Barcelona) nach Westen (Lissabon) und durch den Süden Spaniens.

Die Reise von Sevilla im Süden nach Santiago de Compostela an der Atlantikküste im Norden beträgt 1.250 Kilometer und durchquert dabei Andalusien, Kastilien-La Mancha, Kastilien-Léon und Galizien. Die Fahrt beginnt in Sevilla. Am zweiten Tag wird das gebuchte Abteil des Sonderzugs Al Andalús bezogen. Während dieser faszinierenden Schienenkreuzfahrt treffen die Reisenden auf sechs UNESCO-Weltkulturerbe-Stätten. Es sind Sevilla, Santiago de Compostela, Toledo, Córdoba, Ávila und Aranjuez mit ihren Sehenswürdigkeiten. Neben den kulturellen Genüssen kommen die kulinarischen nicht zu kurz. Am Ende der Reise erreicht der Luxuszug Santiago de Compostela, Endpunkt des Jakobswegs und Ziel tausender Pilger, die das Grab des Apostels Jakobus besuchen.

Eine andere neuntägige Schienenkreuzfahrt durchquert Spanien von Ost nach West. Hier sind es sieben UNESCO-Welterbe-Stätten. Die Tour beginnt in Barcelona, der Stadt mit der märchenhaften Architektur von Antoni Gaudi. Es folgt die alte Römerstadt Tarragona. Besonderheit der Region: die »Castells«, traditionelle Menschenpyramiden, sind seit kurzen ein immaterielles UNESCO-Weltkulturerbe. Weiter geht die Fahrt durch Kataloniens grüne Bergwelt. Danach folgt Toledo, eine der schönsten Städte Spanien mit seinem westgotischen, islamischen und jüdischen Kulturerbe. Am siebten Tag wandeln die Passagiere auf römischen Spuren: Mérida und Évora. Mérida besitzt die meisten römischen Bauwerke Spaniens. Nach Badajoz geht es mit dem Bus über die portugiesische Grenze bis Lissabon.

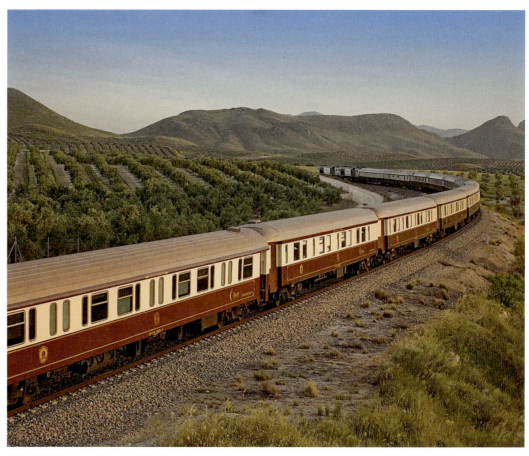

Al Andalús durchquert das zauberhafte Spanien.

Eine dreizehntägige Reise mit Al Andalús führt durch den Süden Spaniens. Die Tour beginnt in Málaga und führt über das mondäne Marbella nach Gibraltar und Tarifa, dem südlichsten Punkt des europäischen Festlands. Auch während dieser Schienenkreuzfahrt werden UNESCO-Welterbe besucht: Sevilla, Córdoba, Granada, Úbeda und Baeza.

EL TRANSCANTÁBRICO
AL ANDALÚS
Lernidee Erlebnisreisen GmbH
Kurfürstenstraße 112
10787 Berlin
Tel. 030/7 86 00 00
www.lernidee.de, bahnurlaub.de

SCHOTTLAND UND IRLAND

The Royal Scotsman

Eine Reise mit dem Royal Scotsman führt durch die aufregenden Landschaften von Schottland. Harry-Potter-Fans fahren mit dem Jacobite Steam Train auf den Spuren des Zauberschülers von Fort William nach Mallaig. Der Grand Hibernian zeigt seinen Fahrgästen während der Tour durch Irland die zahlreichen Spielarten der Farbe Grün.

Der Royal Scotsman ist ein Zug vom Ende des 19. Jahrhunderts, nicht zu verwechseln mit dem Flying Scotsman, einem Schnellzug (siehe Seite 61). Der Luxuszug für 36 Passagiere fährt zwischen April und Oktober von Edinburgh ins schottische Hochland. Die Fahrgäste werden meistens am Bahnsteig »königlich« empfangen.

Der Luxuszug The Royal Scotsman.

Die feierliche Begrüßung der Fahrgäste des Royal Scotsman.

Sie schreiten über einen roten Teppich und zur Begrüßung spielt ein Dudelsackpfeifer. 1985 wurden die modernisierten Wagen von der Great Scottish & Western Railway Company übernommen.

Der luxuriöse Zug verfügt über Salonwagen mit gemütlichen Sesseln und Sofas, Panoramafenstern und Außenterrasse. Die Schlafwagen sind mit Dusche und WC ausgestattet, die Speisewagen mit Mahagoniholz getäfelt. Im Speisewagen werden erlesene Menüs serviert. Für die formellen Dinner sind für die Herren Smoking oder Kilt und für die Damen Cocktailkleid oder Abendgaderobe empfehlenswert. Bei den zwanglosen Abendessen genügen Jackett und Krawatte (außer bei ungewöhnlich warmen Temperaturen).

Der königliche Zug rollt durch Schottland.

Olton Hall und Hogwarts Castle

Auf den Spuren Harry Potters

Swindon Railway Works baute 1937 für die Great Western Railway (GWR) die Lokomotive Olton Hall Nr. 5972. Es ist eine 2´C-Lok der Hall Class, 4-6-0. Bis 1964 war diese Lok im Dienst, nun befindet sie sich in den Studios der Warner Bros in Leavesden.

Weltberühmt wurde diese Lokomotive durch die Harry-Potter-Filme, wo sie in Hogwarts Castle (oder Hogwarts Express) umbenannt wurde. Olton Hall war im Original Grün, Hogwarts Castle wurde Rot umlackiert. Die Lok behielt ihre Nummer 5972.

Eine Reise durch Schottland

Wie wäre es mit einer siebentätigen Reise? Sie beginnt in Edinburgh mit einem Fünf-Uhr-Tee im Hotel. Edinburgh gehört zum UNESCO Kulturerbe. Am vierten Tag fährt der Royal Scotsman nach Glasgow entlang der West-Highland-Linie, eine der schönsten Strecken der Welt. Während die Passagiere im Zug schlafen ruht auch der Zug. Der Royal Scotsman passiert den 380 Meter lange Glenfinnan-Viadukt, den auch der Harry-Potter-Zug Hogwarts Express (siehe Seite 103) überquert. Nach Fort William folgt Arisaiga mit seinem weißen Sandstrand. Manchmal begibt sich der Royal Scotsman auf Abwege. Dann fährt der Zug an vier Tagen von Edinburgh nach London.

THE ROYAL SCOTSMAN
Lernidee Erlebnisreisen GmbH
Kurfürstenstraße 112
10787 Berlin
Tel. 030/7 86 00 00
www.lernidee.de

Fahrt durch die Highlands.

Auch am Tender wurde das Hogwarts Railways Logo angebracht. In den Filmen wurden hauptsächlich die Wagen Corridor First (1. Klasse) und die beiden Endwagen (2. Klasse) mit Gepäckwagen benutzt. Sie wurden unverändert übernommen.

Der Hogwarts Express mit der Lok Hogwarts Castle fährt am Gleis 9 ¾ des Londoner Bahnhofs King´s Cross ab. Der Zug fährt fast ausschließlich elfjährige Mädchen und Jungen, die Zauberkräfte besitzen, zur Schule nach Hogwarts. Die Fahrt von London bis Hogwarts dauert neun Stunden. Um die Mittagszeit verteilt im Zug eine Hexe Süßigkeiten an die Schüler. Zum Unterricht der Schüler gehören neben Zauberkunst unter anderem auch Verwandlung, Zaubertränke, Verteidigung gegen die dunklen Künste, Kräuterkunde und Astronomie. Am Ende des Schuljahres fahren die Kinder wieder mit dem Hogwarts Express zurück nach London.

Harry-Potter-Fans, die London besuchen, sollten es nicht versäumen, die Warner Bros Studios zu besuchen. Dort können die großen und kleinen Harry-Potter-Fans erleben, was sie einst auf der Leinwand sahen. Auch der Bahnsteig 9 ¾ wurde nachgebaut und die Lok 5972 ist zu bestaunen.

HOGWARTS EXPRESS
Warner Bros Studio Tour
Making of Harry Potter
Karten und Infos:
www.londonkarten.de
www.viatorcom.de
www.getyourguide.de
www.visitbritianshop.com

The Jacobite, Lok 45407 in Mallaig.

Jacobite Steam Train

Eine Reise von Fort William nach Mallaig

Wer möchte nicht einmal die zauberhaft-mystische schottische Landschaft sehen, die mehrmals als Kulisse in den Harry-Potter-Filmen diente? Der Hogwarts Express fuhr auch auf der Strecke nach Mallaig. Heute fährt der Jacobite Steam Train, auch Harry-Potter-Zug-genannt, von Fort William nach Mallaig und wieder zurück.

Die besten Plätze sind diejenigen am Fenster – der schönen und interessanten Aussicht wegen. Die Wagen sind gemütlich eingerichtet. Die Fahrgäste sitzen in tiefen Polstern in der 1. Klasse. Dampfender Tee und Scones stehen bereit. Während der gemütlichen Fahrt mit The Jacobite fährt der Zug an zahlreichen Sehenswürdigkeiten vorbei. Nach wenigen Metern kommt Neptune`s Staircase in Sicht, das

Gemütliches Abteil der 1. Klasse.

Weiter geht die Fahrt an Loch nan Uamh vorbei. Dieses ist ein geschichtsträchtiger Ort. Hier fand das letzte Gefecht der Jacobiter statt; Bonnie Prince Charlie verließ Schottland und floh in Frauenkleidern nach Frankreich. Loch nan Uamh ist ein Meeresarm und von hier geht die Fahrt bis Morar mit seinem schönen Sandstrand. Loch Morar ist der tiefste Süßwassersee und der Morar der kürzeste Fluss Großbritanniens. Kinofreunde erkennen hier eine bekannte Filmkulisse: Teile vom »Highlander« und »Local Hero« wurden hier gedreht.

The Jacobite fährt Richtung Meer.

grandiose Schleusensystem am Eingang des Caledonian Canal. Danach taucht der Zug mit seinen Gästen in die einmalige schottische Landschaft ein. Vorbei geht die Fahrt an verschiedenen Lochs (Seen) bis das Glenfinnan Monument in Sicht kommt, dahinter erstreckt sich Loch Shiel, in den Harry-Potter-Filmen ist es der Hogwarts-See.

Nach etwa einer halben Stunde macht The Jacobite Halt an der Glenfinnan Station. In dem kleinen Holzbahnhof kann ein kleines Museum besucht werden. Auf dem Gelände stehen einige Waggons, in denen man übernachten kann (sleeping im Schlafwagen mit Harry Potter).

Glenfinnan Station.

Nach gut zwei Stunden und 70 Kilometern rollt der Jacobite Steam Train in Mallaig ein. Hier endet zunächst die Fahrt. Wer mag, schaut vom Bahnsteig aus dem Wendemanöver des Zugs zu. Während des zweistündigen Aufenthalts können die Fahrgäste den kleinen Fischerort Mallaig mit dem Yachthafen erkunden.

JACOBITE STEAM TRAIN
Reisen durch Schottland
vermittelt Stephan Goldmann
www.myhighlands.de

The Jacobite Steam Train auf dem 380 Meter langen Viadukt von Glenfinnan.

The Jacobite

The Jacobite ist ein dampfbetriebener Museumszug. Als Anfang der 60er Jahre des vorigen Jahrhunderts auf der West Highland Linie der Dampfbetrieb eingestellt wurde, bot British Railways erst wieder 1984 einen Dampfzug zwischen Fort William und Mallaig an. Der Zug erhielt verschiedene Namen. Nach der Privatisierung von British Railways übernahm West Coast 1995 den Zug und nannte ihn The Jacobite.

Der Zug wird von verschiedenen Dampfloks gezogen, unter anderem von der LMS Klasse 5 Nr. 45231, LNER Klasse K1 Nr. 62005 oder LNER Klasse B1 Nr. 61264. Die Zuggarnitur besteht aus Wagen des Typs Mark 1. Die Dampflok der LMS Klasse 5 der Bahngesellschaft London, Midland and Scottish Railway wurde zwischen 1934 und 1951 gebaut und zwischen 1961 und 1968 ausgemustert. Nach ihrer Klassifizierung erhielten die Loks die Bezeichnung Black Five. Insgesamt wurden 842 Loks der Bauart 2´C h2 produziert; Nummerierung 4658 – 5499 (LMS), 44658 – 45499 (BR). Die Black Five wurden sowohl im Personen- wie im Güterverkehr eingesetzt, sie waren auch für den Schnellzugverkehr geeignet und erreichten eine Geschwindigkeit bis 130 Kilometer pro Stunde. Von den erhaltenen 18 Black Five sind noch zehn im Einsatz, unter anderem die Nr. 45 231 beim täglich im Sommer verkehrenden The Jacobite auf der West Highland Linie.

Die London and North Eastern Railway (LNER) Klasse K1 ist eine Dampflok vom Typ 2-6-0 (1´C h2). Zwischen 1949 und 1950 wurden 70 Loks gebaut mit der Nummerierung 26605 – 26674. Die K1-Loks hatten nur ein kurzes Leben, zwischen 1962 und 1967 wurden sie verschrottet, bis auf die Lok Nr. 62005, die heute zwischen Fort William und Mallaig mit The Jacobite zum Einsatz kommt.

Die LNER Klasse B1 ist eine Dampflok Typ 4-6-0 (2´C h2). Zwischen 1942 und 1952 wurden 410 Loks hergestellt. Bis 1966 wurden alle Loks verschrottet, lediglich zwei Maschinen blieben erhalten. Die Lok 61264 wird auch als Lok für The Jacobite eingesetzt.

Die Waggons tragen die Namen der irischen Countys und sind ausgestattet mit traditionellen Dekorationselementen und traditionellen Stoffen und Mustern des jeweiligen Countys. Der Panoramawagen gleicht einem irischen Pub, bei Live Music, irischem Whiskey oder einem Pint Irish Stout genießen die Fahrgäste die atemberaubende Landschaft. Der Grand Hibernian, dessen Name sich auf die lateinische Bezeichnung der Grünen Insel bezieht, besitzt Schlafwagen, Abteile mit Einzel- oder Doppelbetten, Dusche und WC. Das exquisite Speisenangebot ist vom Feinsten und genügt höchsten Ansprüchen.

Für die formellen Dinner sind den Herren ein dunkler Anzug und den Damen ein Cocktailkleid zu empfehlen. Bei den zwanglosen Abendessen genügen Jackett und Krawatte (außer bei ungewöhnlich warmen Temperaturen).

Mit dem Luxuszug über die Grüne Insel.

Irland: Der Grand Hibernian

Der Luxuszug Grand Hibernian kommt aus dem Haus Belmond. Dieses Unternehmen erlangte Weltruhm mit dem Venice Simplon Orient Express (siehe Seite 39) und dem Belmond Royal Scotsman (siehe Seite 101). Der Grand Hibernian stammt aus dem Jahr 2016 und bietet 40 Reisenden Platz. Die Einrichtungen des einzigartig gestalteten Speisewagens und des gemütlichen Panoramawagens spiegeln die stolze irische Tradition wider.

Der Grand Hibernian garantiert ein großes Irland-Erlebnis.

Blick in die gemütlichen Aussichtswagen.

Eine Reise rund und um die Grüne Insel

Grün ist die Insel, über 50 verschiedene Grüntöne können die Fahrgäste auf Ihrer 8-tägigen Rundreise erleben. Die Reise beginnt in Dublin, es folgt ein Ausflug nach County Wicklow mit seinen Moorlandschaften, schroffen Hügelketten und idyllischen Tälern. Am vierten Tag besteigen die Reisenden den luxuriösen Grand Hibernian. Das rollende Hotel fährt nach Cork, weiter nach Killarney, entlang der Westküste von Limerick nach Galway. Am achten Tag bringt ein Flugzeug die Passagiere zurück in ihre Heimat.

GRAND HIBERNIAN
Lernidee Erlebnisreisen GmbH
Kurfürstenstraße 112
10787 Berlin
Tel. 030/7 86 00 00
www.lernidee.de

BELMOND
bietet unter anderem
Reisen in verschiedenen
Luxuszügen an.
www.belmond.com

POLEN

Der Classic Courier

Die komfortablen Wagen des privaten Sonder-Schnellzugs Classic Courier stammen aus den 40er und 70er Jahren des vorigen Jahrhunderts. Der älteste der vier Gesellschaftswagen stammt aus den 40er Jahren. Der Zug wurde liebevoll und aufwändig restauriert. Die Fahrgäste erleben eine abwechslungsreiche Reise im Stil der alten Zeit durch Polen. Sie sitzen in gemütlichen Abteilen für sechs oder vier Personen. In dem stilvollen Salonwagen genießen die Gäste einen Kaffee oder ein frisch gezapftes Bier bei leiser Pianomusik. Der Classic Courier fährt von verschiedenen deutschen Städten ab, Höchstgeschwindigkeit 140 km/h. Übernachtet wird in Hotels.

Eine Reise nach Masuren, Königsberg und Danzig

Während der 7-tägigen Reise mit dem Classic Courier mit seiner beige-blauen Elektrolok und seinen zehn dunkelblauen Waggons erleben die Passagiere die bedeutendsten Städte und schönsten Naturlandschaften zwischen Ostsee und Masuren. Zunächst führt der Weg beispielsweise von Berlin nach Posen. Mit dem Bus geht es durch Masuren, vom Schiff aus können die Gäste die masurische Seenplatte genießen. Es folgen Ausflüge in Königsberg (heute das russische Kaliningrad) und an die Bernsteinküste oder zur Kurischen Nehrung. Weitere Stationen auf dieser Reise mit dem Classic Courier sind Danzig, Marienburg und die ehemalige Hansestadt Thorn (Turon). Die Fenster können zum Fotografieren, Winken und Herausschauen geöffnet werden. Am letzten Tag der Reise fährt der Classic Courier die Reisenden wieder zu ihrem Ausgangspunkt in Deutschland.

CLASSIC COURIER
Lernidee Erlebnisreisen GmbH
Kurfürstenstraße 112
10787 Berlin
Tel. 030/7 86 00 00
www.lernidee.de

Der Classic Courier verwöhnt mit Eleganz und Komfort.

Der Classic Courier ist ein eleganter Zug.

Auf der Fahrt durch Polen.

RUSSLAND

Transsibirische Eisenbahn

Sie ist seit mehr als hundert Jahren die längste und berühmteste Eisenbahnstrecke der Welt: die Transsibirische Eisenbahn. Sie führt im Linienverkehr von Moskau nach Wladiwostok am Pazifik in sieben Tagen. Schienenkreuzfahrten dauern länger. Auf ihrem 9.288 Kilometer langen Weg passieren die Züge über 400 Bahnhöfe, 89 Städte und überqueren 16 große Flüsse. Die durchschnittliche Geschwindigkeit beträgt 60 bis 70 km/h. Auf der Transsibirischen Eisenbahn sind verschiedene Linienzüge unterwegs. Der Reisende kann wählen zwischen einer rustikalen Fahrt, die preiswerter ist als eine Reise mit modernen Zügen, die mehr Komfort und Bequemlichkeit bieten und natürlich deshalb auch teurer sind. Lassen Sie sich beraten.

Plakat für die Transsibirische Eisenbahn von P. Nezinoff, um 1928.

Die Eisenbahnstrecke Transsib, wie sie kurz genannt wird, wird von der staatlichen Russischen Eisenbahngesellschaft betrieben. Diese Bahnstrecke wurde, wie üblich in Russland, in der Spurweite von 1520 mm errichtet. Gebaut wurde die Bahnlinie, um die Schätze Sibiriens einfacher in den Westen Russlands transportieren zu können. Außerdem erleichterte die Transsib den Zugang zu chinesischen Märkten. Der Bau begann 1891 und war 1916 vollendet. Nach dem Zweiten Weltkrieg begann der zweigleisige Ausbau. Die durchgehende Elektrifizierung der Bahn war 2002 abgeschlossen.

Ein Linienzug der Transsib.

Die Transsib am Baikalsee.

Ein 2-Bett-Abteil im Zug.

Die Brücke über der Oka, einem Nebenfluss der Wolga.

Eine Reise von Moskau nach Wladiwostok und Peking

Überwältigende Naturerlebnisse, unendliche Weiten, silberglänzende Ströme, große und kleine Zwiebelkuppeln, bunte Holzhäuschen. Die 16-tägige Reise mit sechs Übernachtungen in Hotels und neun Übernachtungen im Schlafwagen der Transsib beginnt in Moskau und endet in Wladiwostok. Nach einer Stadtführung durch Moskau geht es abends an Bord des Zugs ins Abteil der gebuchte Kategorie oder 4-Bett-Abteil (im Schlafwagen). Der Zug fährt durch das Land der Tataren. Am fünften Tag ist Asien erreicht – Sibirien so weit das Auge reicht. An den zahlreichen Bahnstationen findet Handel statt mit allem was Haus und Hof hergeben. Große Städte und gewaltige Ströme beherrschen das Bild. Am Baikalsee, der sibirischen Perle, wird im Hotel übernachtet. Am zehnten und elften Tag folgt die spektakulärste Teilstrecke der Transsib – wildromantische Berge, tiefgrüne Urwälder, reißende Ströme, bizarre Felsen. Bald hat der Zug den mächtigen Amur erreicht. Am vierzehn-

ten Tag ist Endstation in Wladiwostok. Nach zwei Tagen geht es über Moskau wieder zurück nach Deutschland.

Eine weitere abwechslungsreiche Zugreise mit der Transsib mit Hotel- und Schlafwagen-Übernachtungen führt auf der Baikal-Amur-Magistrale durch Sibirien. Mit dem Flugzeug geht es von Moskau nach Krasnojarsk. Einer der Höhepunkte ist der sagenumwobene Baikalsee, einer der heiligsten Orte Sibiriens. Die Strecke von Tynda nach Komsomolsk, die Baikal-Amur-Magistrale, ist teilweise nicht elektrifiziert; der Zug fährt langsam, hält ab und an. Er ist die einzige Verbindung der Ansiedlungen zur Außenwelt entlang der Baikal-Amur-Magistrale. Von Chabarowsk geht die Reise weiter mit der Transsib bis Wladiwostok.

Ein besonderes Erlebnis ist eine winterliche Zugfahrt im beheizten Schlafwagen mit der Transsib. Dazu gehören auch eine Pferde-Troika-Fahrt durch die schneebedeckte Landschaft, vorbei an Wäldern, Übernachtung in einem Nomaden-Camp in der Mongolei. Die Reise beginnt in Moskau und führt über Jekaterinburg und Irkutsk (Baikalsee) nach Ulaan Baatar, der Hauptstadt der Mongolei. Ab Ulaan Baatar besteht die Möglichkeit, mit einem Linienzug weiter nach Peking zu fahren (drei zusätzliche Tage).

Eine 18-tägige Sommerreise beginnt in Moskau, führt über den Baikalsee, Irkutsk und Ulaan Baatar und endet in Peking.

Zusammen mit einem Reiseveranstalter können sich abenteuerlustige Reisende eine individuelle Transsib-Reise mit dem Linienzug zusammenstellen lassen, beispielsweise: Moskau – Wladiwostok, Peking – Moskau oder umgekehrt, Moskau – Ulaan Baatar.

»Tanssibirian« ist ein Thriller voller überraschender Wendungen, der 2008 in Peking und im fahrenden Transsib gedreht wurde. Der Film wird im Buch »Die Eisenbahn als Filmstar«, Stuttgart 2015, vorgestellt.

Freundlicher Empfang der Fahrgäste.

Wagen des Zarengold-Express-Sonderzugs.

Der Zarengold-Sonderzug

Beim Zarengold handelt es sich um einen komfortablen Sonderzug. Hier finden die Reisenden verschiedene Abteil-Kategorien: von Standard über gehobenen Standard, Nostalgie-Komfort bis zur Edel-Kategorie Bolschoi Platinum. Im Bordrestaurant werden landestypische und internationale Speisen gereicht. Reisen mit dem Zarengold-Sonderzug auf der berühmtesten Eisenbahnstrecke der Welt, der Transsibirischen Eisenbahn, können in verschiedenen Variationen durchgeführt werden. Die Hauptroute führt von Moskau auf der Transsibirischen Eisenbahn bis Peking.

Eine Reise von Moskau nach Peking

Eine 16-tägige Zarengold-Reise auf der Transsib mit Übernachtungen im Zarengold-Sonderzug und in Hotels beginnt in Moskau. Die Fahrt geht über Jekaterinburg und Nowosibirsk, der Zug fährt über den Fluss Jenissei durch Sibirien. Angekommen am Baikalsee, dem größten Süßwasserreservoir der Erde, erleben die Reisenden Ausflüge mit Bus und Schiff und abends ein Picknick am Baikalsee. Am neunten Tag fährt der Zug durch die Mongolei nach Ulan Ude und Ulaan Baatar. Am zwölften Tag geht es durch die Wüste Gobi bis zur chinesischen Grenze. Wegen der unterschiedlichen Spurweiten, muss der Zarengold verlassen werden. Ein chinesischer Sonderzug bringt die Gäste nach Peking, wo verschiedene Ausflügen stattfinden.

Plakat, um 1931.

Halt an einem der schönen Bahnhöfe.

Umgekehrt fährt der Zarengold auch von Peking nach Moskau. Mit dem Zarengold-Zug kann auch eine 17-tägige Reise von Wladiwostok nach Moskau gebucht werden. Für Eisenbahnfans führt eine 27-tägige Reise von Hongkong nach Moskau mit einer dreitägigen Yangtse-Kreuzfahrt. Einer der Höhepunkte dieser Zugreise mit dem Zarengold ist ein Ausflug zur berühmten Terrakotta-Armee in Xi'an.

Reisen auf der Transsib und Sibiriens Flüssen sind momentan nicht möglich. Es ist nicht abzusehen, wann die nächsten Transsib- und Sibirien-Reisen durchgeführt werden können.

TRANSSIBIRISCHE
EISENBAHN
ZARENGOLD
Lernidee Erlebnisreisen GmbH
Kurfürstenstraße 112
10787 Berlin
Tel. 030/7 86 00 00
www.lernidee.de

ASIEN

Orient Silk Road Express

Der Sonderzug Orient Silk Road Express bietet viel Komfort auf der Reise entlang der sagenhaften Seidenstraße. Der Sonderzug namens 1001 Nacht fährt durch das alte Persien. Die Züge verfügen über Abteile verschiedener Kategorien: 3- oder 4-Bett-Abteile, 2-Bett-Abteile von einfach bis komfortabel und luxuriös. Die Restaurantwagen mit landestypischer Küche verwandelt sich abends in einen Wagen mit Barbetrieb.

Der Orient Silk Road Express.

Der Speisewagen im Orient Silk Road Express.

Eine Reise entlang der Seidenstraße – von Almaty bis Aschgabat

Die 14-tägige Reise beginnt in Almaty mit der russisch-orthodoxen Holzkathedrale, dem Hochzeitspalast und der Zentralmoschee. Abends geht's an Bord des Orient Silk Road Express. Die Reise führt über Taschkent und Samarkand. Hier wird eine Manufaktur für Seidenteppiche besucht und eine Handwerkerfamilie, die Papier aus Maulbeerrinde herstellt. Am neunten Tag erreicht der Zug Chiwa, Stein gewordenes Märchen aus 1001 Nacht.

Inmitten der Wüste Kysylkum liegt Buchara mit seinen rund 1000 Baudenkmälern. Am zwölften Tag erreicht der Zug Merw, Perle des Ostens – UNESCO-Weltkulturerbe – einst die prächtigste Stadt der Welt. Sie wurde von Toloi, dem Sohn Dschingis Khans, 1221 dem Boden gleichgemacht – Ruinen sind noch zu bestaunen. Die letzte Station der an Wunder reichen Reise ist die einstige Königsstadt Nisa, die heutige Hauptstadt Aschgabat, wo die Zugfahrt endet. Diese Reise kann auch von Aschgabat nach Almaty durchgeführt werden.

Eine Reise durch Usbekistan

Eine 10-tägige Reise führt von Taschkent über Buchara nach Chiwa und Samarkand. Auf der Reise nach Buchara geht die Fahrt durch eine schwer zugängliche Bergregion. Einst passierten Handelskarawanen die schmalen Bergschluchten, die Armeen von Alexander dem Großen, Dschingis Khan und Tamerlan zogen durch dieses Gebiet. Auf der großen Seidenstraße fährt der Zug nach Schahrisabs, der Geburtsstadt von Tamerlan. Weiter geht's nach Chiwa (siehe auf dieser Seite linke Spalte) und Samarkand. Hier endet die Reise am zehnten Tag.

Mit dem Orient Silk Road Express und dem Persian Explorer durch Usbekistan, Turkmenistan und Iran

Diese 16-tägige Reise durch den Orient führt durch drei ungewöhnliche Länder mit bedeutenden UNESCO-Weltkulturerbe-Stätten. Die Reise beginnt in Taschkent, wo der Oriental Silk Road Express auf die Reisenden wartet, fährt über Samarkand, Buchara, Merw, Aschgabat weiter nach Mashhad, Yazd, wo der Persian Explorer bestiegen wird. Es

Der Orient Silk Road Express auf der Fahrt durch den märchenhaften Orient.

folgen Isfahan und Shiraz mit den UNESCO-Weltkulturerbe-Stätten Persepolis und Pasargadae bis am 15. Tag Teheran erreicht wird.

Ein 2-Bett-Abteil der Kategorie Aladin

Ein Abteil im Sonderzug – wie aus den Erzählungen von 1001 Nacht.

Der Sonderzug 1001 Nacht

Der Sonderzug 1001 Nacht besteht aus modernen Schlafwagen, die von der Iranischen Staatsbahn im Linienverkehr eingesetzt werden. Exklusiv wurden die Wagen im orientalischen Stil eingerichtet. Im Restaurantwagen werden landestypische Speisen serviert, abends verwandelt sich dieser Wagen in einen Wagen mit Bar, in der alkoholfreie Getränke serviert werden.

Auch in diesem Zug gibt es Abteile in verschiedenen Kategorien: 4-Bett-Abteile, einfache 2-Bett-Abteile sowie luxuriöse Abteile. Der Sonderzug 1001 Nacht fährt zu den historischen Schätzen des alten Persiens.

Eine Reise mit dem Zug 1001 Nacht durchs alte Persien

Die 12-tägige Reise beginnt in Teheran. Die Gäste fahren durch ständig wechselnde Landschaften. Auf einer Höhe von 2.400 Meter wird das Alborz-Gebirge überquert. Weiter geht die Fahrt zum Kaspischen Meer. Der Zug passiert zahlreiche Kehrschleifen, Brücken, Tunnel und Viadukte. Nächster Halt ist Mashhad, eine der sieben heiligen Stätten des schiitischen Islams. Die Fahrt führt weiter durch die Wüstenlandschaft des iranischen Hochlands nach Kerman, bekannt durch seine Seidenteppiche. Weitere Stationen der Reise sind Yazd, gegründet von Alexander dem Großen und Stadt der Feueranbeter, Isfahan und die beiden UNESCO-Weltkulturerbe-Stätten Pasargadae und Persepolis. Am zehnten Tag steht Shiraz mit den Persischen Paradiesgärten, auch ein UNESCO-Weltkulturerbe, auf dem Programm, bis der Zug wieder nach Teheran rollt. Dort ist im Golestan-Palast eine der bedeutendsten Juwelensammlungen der Welt zu bestaunen.

ORIENT SILK ROAD EXPRESS
Persian Explorer
Sonderzug 1001 Nacht
Lernidee Erlebnisreisen GmbH
Kurfürstenstraße 112
10787 Berlin
Tel. 030/7 86 00 00
www.lernidee.de

MALAYSIA

Der Service in und am Zug ist vorbildlich.

Die Fahrt führt an Reisfeldern vorbei.

Eastern & Oriental Express

Silver Star war ein Luxuszug, der 1972 in Japan gebaut wurde und in Neuseeland verkehrte. Später wurden 24 Wagen von der in Neuseeland verwendeten Kapspur 1067 mm auf die in Thailand und Malaysia verwendete Meterspur 1000 mm umgespurt. Die Wagen erhielten eine neue Gestalt, ein elegantes Interieur, exquisite Intarsien und glänzende Teakholzarbeiten. Die Fahrgäste können zwischen drei eleganten Abteilen wählen – alle mit Air Condition, Dusche, WC und Panoramafenstern. In den Restaurantwagen werden die Reisenden mit anspruchsvollen asiatisch-europäischen Speisen verwöhnt. Neben einer Bibliothek und einem Salon gibt es einen Barwagen, in dem ein Pianist die Gäste musikalisch unterhält, sowie einen offenen Panoramawagen.

Der zwischen Singapur, Malaysia und Thailand fahrender Zug wird von der Belmond Ltd. in London betrieben.

Eine Reise von Singapur bis Bangkok

Eine 7-tägige Reise beginnt in Singapur. Bereits am zweiten Tag wartet der Eastern & Oriental Express auf seine Gäste. In Kuala Lumpur, der malaysischen Hauptstadt, angekommen, findet eine Stadtführung statt. Dann geht's in die Cameron Highlands mit ihrem milden Klima. Es wird eine Teeplantage besucht und heimischer Tee gekostet. In den Cameron Highlands gedeihen neben Tee auch Rosen, Erdbeeren, grüner Spargel und anders Gemüse. Auf der Insel Penang ist am fünften Tag das kolonialgeprägte Städtchen Georgetown zu bestaunen. Am sechsten Tag fährt der Zug entlang der thailändischen Küste, bis Bangkok wieder erreicht wird.

Eine 4-tägige Reise mit dem Eastern & Oriental Express führt von Bangkok über Kanchanaburi nach Kuala Kangsar in Malaysia. In Kanchanaburi fahren die Reisenden mit einer Barkasse auf dem Fluss Kwai und passieren dabei die berühmte Brücke am River Kwai, bekannt durch den Spielfilm »Die Brücke am Kwai«. Dann fährt der Eastern & Oriental Express wieder nach Singapur.

Der Luxuszug fährt durch exotische Landschaften.

EASTERN & ORIENTAL EXPRESS
Lernidee Erlebnisreisen GmbH
Kurfürstenstraße 112
10787 Berlin
Tel. 030/7 86 00 00
www.lernidee.de

INDIEN

Deccan Odyssey

Im modernen und komfortablen Zug Deccan Odyssey aus dem Jahr 2004 müssen die Gäste auf nichts verzichten: Die klimatisierten Abteile in unterschiedlichen Kategorien sind mit privaten Bädern ausgestattet. Die Präsidentensuiten verfügen über Schlafzimmer und Aufenthaltsraum und zwei Badezimmer auf knapp 20 Quadratmetern. Die Reisenden finden Abwechslung in kleinen Lounges, im Barwagen und in zwei Restaurantwagen, in denen indische und europäische Speisen serviert werden. Im Wellness- und Fitnesswagen kann wer mag bei einer traditionellen Ayurvedamassage entspannen, auch ein Dampfbad, ein Laufband und ein Fahrrad stehen zur Verfügung. Bevor die Reise mit dem Deccan Odyssey beginnt, kann mit dem Toy Train auf der Kalka-Shimla-Bahn eine kleine Rundreise zum Himalaya unternommen werden.

Willkommen an Bord des Zug Deccan Odyssey.

Der Zug Deccan Odyssey.

Der pittoreske Bahnhof von Mumbai.

Eine Reise von Delhi nach Mumbai

Die 12-tägige Reise mit dem Deccan Odyssey durch das Land der Maharadschas beginnt in Delhi. Hier stehen auf dem 2-Tages-Programm neben einer Rikschafahrt der Besuch des Red Fort und des Mausoleums des Humayun, beide gehören zum UNESCO-Weltkulturerbe. Ebenso ein UNESCO-Weltkulturerbe ist das Minarett Qutub Minar, einer der höchsten Turmbauten der islamischen Welt. Im Bahnhof Safdarjung heißt dann die Crew die Gäste im Deccan Odyssey willkommen.

Am vierten Tag wird eine Safari durch den Ranthambore-Nationalpark unternommen. Verschiedene Tiere bevölkern die bewaldete Ebene, mit ein wenig Glück lässt sich auch ein Tiger blicken. Dann geht die Fahrt weiter nach Agra mit dem Taj Mahal, das zu den Weltwundern gezählt wird und auch ein UNESCO-Weltkulturerbe ist.

Weiter geht's nach Jaipur in Rajastan, dem Land der Maharadschas, mit seiner pittoresken Altstadt. Nächstes Ziel ist das märchenhafte Udaipur. Danach geht's in den Nachbarstaat Gujarat und in die Universitätsstadt Vadodara mit den noch nicht vollständig ausgegrabenen Resten der alten Hauptstadt Gujarats, auch ein UNESCO-Weltkulturerbe. Am neunten Tag ist wieder ein UNESCO-Weltkulturerbe zu bewundern: Generationen von Künstlern haben in einer bizarren Landschaft 34 Höhlentempel in steile Basaltwände geschlagen: Ein Meer hinduistischer, buddhistischer und jainistischer Skulpturen sind stumme Zeugen einer glanzvollen Vergangenheit. Am nächsten Tag ist Mumbai erreicht. Zu den verschiedenen Ausflügen gehören auch der Besuch des Wohnhauses von Mahatma Gandhi und der Besuch der Bollywood-Filmstudios. Am zwölften Tag geht's wieder zurück in die Heimat.

Der Toy Train auf schmaler Spur.

Toy Train auf der Kalka-Shimla-Bahn

Eine 6-tägige Rundreise von Delhi nach Shimla, Kalka und zurück nach Delhi. Hier in Indiens faszinierender Hauptstadt kann eine Vorreise (zu der oben vorgestellten Reise) zu den Ausläufern des Himalayas beginnen. Übernachtet wird in Hotels. Am zweiten Tag steht der Besuch der Le Corbusier-Stadt Chandigarh auf dem Programm. Am dritten Tag fahren die Gäste auf der Schmalspurbahn von Kalka nach Shimla, ein UNESCO-Weltkulturerbe. Diese Bahnstrecke wurde im 19. Jahrhundert im Auftrag der britischen Kolonialregierung gebaut. Auf 96,5 Kilometern überwindet die Kalka-Shimla-Bahn, auch Toy Train genannt, fast 1.500 Höhenmeter, passiert 864 Brücken, 102 Tunnel und 18 Bahnhöfe – mit spektakulären Ausblicken. Shimla liegt auf 2.200 Meter Höhe an den Ausläufern des Himalayas. Am folgenden Tag fährt der kleine Zug durch das Vorgebirge des Himalayas bis nach Hariwar, einer der sieben heiligsten Orte der Hindus. Am fünften ist Rishikesh erreicht, Tor zum Himalaya, und bedeutendes spirituelles Zentrum. Danach geht es zurück nach Delhi, wo die Hauptreise beginnt (siehe vorige Seite).

DECCAN ODYSSEY
TOY TRAIN
Lernidee Erlebnisreisen GmbH
Kurfürstenstraße 112
10787 Berlin
Tel. 030/7 86 00 00
www.lernidee.de

Palace on Wheels

Seit rund 20 Jahren fährt der Luxuszug Palace on Wheels seine Fahrgäste auf den königlichen Spuren der Maharadschas von Rajastan. Die Einrichtung der Abteile spiegelt den Wohlstand des früheren königlichen Staats Rajastan wider. Der Zug verfügt über luxuriöse Abteile mit Bädern, es gibt eine Bar und zwei Restaurantwagen. Während der Rundreisen stehen viele interessante Besichtigungen und Ausflüge auf dem Programm.

Eine Rundreise von Delhi über Jaipur und Agra nach Delhi

Diese 8-tägige Reise beginnt in Delhi. Am nächsten Tag fährt der Zug bis Jaipur, der Hauptstadt von Rajastan. Mit dem Bus geht es zum Palast der Winde, anschließend Besuch der Albert Hall und des City Palastes. Vor dem Mittagsessen steht ein Ritt auf einem geschmückten Elefanten auf dem Programm. Nach der Ankunft in Sawai Madhopur wird der Nationalpark Ranthambore mit den Ruinen einer Festung besucht. Hier leben über 300 Vogelarten, Hyänen,

In einem der Restaurantwagen.

Freundliche Begrüßung am Palace on Wheels.

Der Luxuszug Palace on Wheels in Fahrt.

Honigdachse, Schakale und Füchse und es können sogar Tiger beobachtet werden. Weiter geht die Reise nach Chittorgarh. Am vierten Tag steht in Udaipur der Besuch des Fontänengartens auf dem Programm. Später eine Bootsfahrt auf dem Pichola-See, vorbei am majestätischen Lake Palace Hotel, welches mitten im See liegt. Weiter geht die Fahrt nach Jaisalmer im Herzen der Thar Wüste mit der imposanten Festung aus Sandstein über der Stadt. Am sechsten Tag ist Jodhpur erreicht. Die Stadt ist umgeben von einer hohen Steinmauer mit sieben Toren und mehreren Basteien. Am siebten Tag erreicht der Luxuszug Bharatpur und Agra. Hier wird zunächst das weltberühmte Vogelparadies Keoladeo Ghana im Nationalpark besucht, später das Taj Mahal in Agra, ein Bauwerk, das die unendliche Liebe symbolisiert. Am folgenden Tag geht's nach Delhi und wieder zurück in die Heimat.

Eines der eleganten Abteile im Golden Chariot.

Blick auf den Luxuszug Golden Chariot.

Golden Chariot

Dieser Luxuszug besteht aus 13 Waggons mit verschiedenen Abteilen. Jedes Abteil ist rund 9 Quadratmeter groß und verfügt über ein Bad. In jedem Waggon gibt es einen Butler, der für das Wohlergehen der Gäste sorgt. Neben einer gemütlichen Lounge, zwei Restaurantabteilen und einer Bar besitzt der Zug einen Spa-Bereich mit Dampfbad, Ayurveda-Massagen und Fitnessraum.

Eine Reise durch Südindien

Diese 8-tägige Rundreise beginnt in Bangalore. Am folgenden Tag fährt der Luxuszug an Buchten entlang nach Mamallapuram (UNESCO-Welterbe) weiter nach Pondicherry, früher Hauptstadt der französischen Kolonie. Am dritten Tag geht die Reise nach Trichy, wo der Sri Aurobindo Ashram, Felsentempel, 3.8 Mio. Jahre alte Felsformationen und Tempel besucht werden. Weiter führt die Reise nach Madurai, eine der ältesten Städte Indiens, berühmt wegen seines Tempelkomplexes. Am sechsten Tag wird Agercoil erreicht; in Kanyakumari erleben die Reisenden einen fantastischen Sonnenaufgang und genießen den Blick über die Bucht von Bengalen, das Arabische Meer und den Indischen

Im Speisewagen werden köstliche Speisen serviert.

Ozean. In Alleppey geht es auf ein Hausboot, später wird im Punnamada Resort in Alleppey ein traditionelles Essen serviert. In Chochin steht ein Spaziergang durchs jüdische Viertel auf dem Programm sowie der Besuch der Kirche. Abfahrt nach Bangalore und Heimflug.

Eine andere 8-tägige Reise mit dem Golden Chariot führt von Bangalore über Bandipur, Mysore, Hassan, Hospet, Badami und Goa wieder zurück nach Bangalore.

PALACE ON WHEELS
Golden Chariot
Alegroreisen
Seidel & Lippmann
Pappelallee 78/79
10437 Berlin
Tel. 030/98 60 63 14
www.alegroreisen.com

CHINA

Tibet-Bahn

Das Zugpersonal ist höflich und freundlich.

Die Tibet-Bahn.

Die längste Eisenbahnbrücke der Welt.

Eine Reise mit der Tibet-Bahn, auch Lhasa-Bahn oder Qinghai-Bahn genannt, verbindet Xining, Hauptstadt der Provinz Qinghai, mit Lhasa, Hauptstadt des autonomen Gebiets Tibet. Auf der Strecke verkehren fahrplanmäßig seit 2006 Personen- und Güterzüge auf der eingleisigen Strecke. Im nicht elektrifizierten Teil im oberen Abschnitt kommt zum Beispiel die Lok NJ2 zum Einsatz, zwischen Galmud und Lhasa werden auch Diesellok eingesetzt.

Die Höchstgeschwindigkeit auf gefrorenem Hochlandboden beträgt 100 km/h, ohne Permafrost erreichen die Züge 120 km/h. Die Bahnstrecke nach Lhasa gilt als eines der aufwändigsten Bauwerke der Welt und stellt dabei viele Weltrekorde auf: Die mit 11,7 Kilometer lange längste Eisenbrücke (Qingshuihe), der mit 5.068 Meter höchstgelegene Bahnhof (Tanggula), der mit 4.905 Meter höchstgelegene Tunnel (Fenghuo) und die mit 3.800 Meter höchstgelegene Eisenbahnbrücke (Qinghai-Tibet-Plateau).

Der moderne Bahnhof von Lhasa.

Die Tibet-Bahn auf der Fahrt durchs Gebirge.

Eine Reise von Peking nach Chengdu

Die 14-tägige Reise beginnt in Peking, gefolgt vom Aufenthalt im Wasserdorf Gubeikou am Fuße der Großen Mauer. Anschließend geht die Fahrt zurück nach Peking mit verschiedenen Besichtigungen – am vierten Tag fährt die Tibet-Bahn die Reisenden nach Xi'an, Übernachtung im Schlafwagen. Am fünften Tag steht der Besuch der 8.0000 lebensgroßen Terrakotta-Figuren in Xi'an auf dem Programm. Nach dem Besuch des Gelbmützen-Klosters Kumbum in Xining geht es am achten Tag hinauf nach Lhasa. Dabei wird der 4.837 Meter hohe Kunlun-Pass des gleichnamigen Gebirges überquert und die erste Yangtse-Brücke. Der Zug fährt weiter durch den höchstgelegenen Eisenbahntunnel (Qingshuihe). Es wird der Tanggula-Pass überquert bis abends Lhasa erreicht wird.

Am zehnten Tag besteht die Möglichkeit, mit der Qinghai-Tibet-Bahn (auch Himmelsbahn genannt) das Yarlung-Zangbo-Tal zu überqueren und durch 29 Tunnel zu fahren. Zum Programm dieser Reise gehört auch ein Besuch der Sommerresidenz des Dalai Lama. Am zwölften Tag geht's per Flugzeug nach Chengdu. Hier wird eine Panda-Aufzuchtstation besucht, wobei die goldigen Tiere in ihren Gehegen beobachtet werden können. Am vierzehnten Tag startet das Flugzeug in Richtung Deutschland.

Eine 5-tägige Reise (1 Zugübernachtung, 3 Hotelübernachtungen) führt von Xining nach Lhasa. Diese spektakuläre Reise zum Dach der Welt ist ein einzigartiges Kulturerlebnis inmitten einer überwältigenden Landschaft. An drei Tagen kann Lhasa mit seinen UNESCO-Weltkulturerbe-Stätten und Klöstern besichtigt werden. Diese Tour kann erweitert werden, wenn die Reisenden am vierten Tag (siehe die 5-Tages-Tour von Xining nach Lhasa) mit der Qinghai-Tibet-Bahn nach Shigatse fahren. Von Gyantse, am fünften Tag, geht es nach Lhasa mit einem dreitägigen Aufenthalt.

TIBET-BAHN
Lernidee Erlebnisreisen GmbH
Kurfürstenstraße 112
10787 Berlin
Tel. 030/7 86 00 00
www.lernidee.de

JAPAN

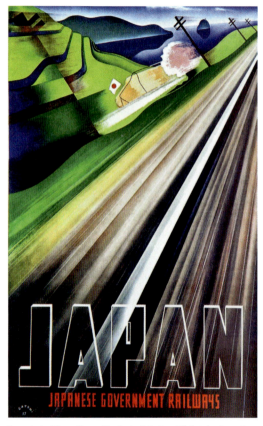

Japanische Züge pflegen Geschwindigkeiten, Plakat der Japanischen Staatseisenbahn, 1937.

Der Shinkansen vor dem Berg Fuji.

Shinkansen

Ursprünglich hieß das Hochgeschwindigkeitsnetz in Japan Shinkansen. Aber schon bald wurde diese Bezeichnung für die Züge benutzt. Die japanischen Hochgeschwindigkeitszüge gelten als die sichersten und pünktlichsten der Welt. Für das Schienennetz der Shinkansen-Züge wurde die Regelspur 1435 mm gewählt. Die erste Strecke wurde 1964 zwischen Tokio und Osaka eröffnet. Weitere Strecken wurden ausgebaut. Die Höchstgeschwindigkeit beträgt 270 km/h, bei Testfahrten wurden 360 km/h erreicht.

Eine Reise durch den japanischen Norden

Eine 16-tägige Reise beginnt in Kushiro im Norden auf der Halbinsel Hokkaido. Während der Reise werden mit Bussen Nationalparks besucht, mit Booten geht es über Seen. Kraniche werden beobachtet, ebenso Wale, Delphine und Bären. Am siebten Tag steht Tokio auf dem Programm, am nächsten Tag der Heilige Berg Fuji (UNESCO-Weltnaturerbe). Von dort wird der Shinkansen bestiegen, der die Reisenden nach Kyoto bringt. In Nara kann die größte Buddha-Statue der Welt bestaunt werden. Von Kyoto fährt der Shinkansen-Super-Express nach Okayama. Während der weiteren Reise werden Inseln besucht und Gartenbaukunst bewundert. Weiter geht's nach Hiroshima. Mit dem Shinkansen geht die Fahrt nach Fukuoka und Nagasaki. Dort wird die Stadt mit der Straßenbahn erkundet, bevor es zurück in die Heimat geht.

SHINKANSEN
Lernidee Erlebnisreisen GmbH
Kurfürstenstraße 112
10787 Berlin
Tel. 030/7 86 00 00
www.lernidee.de

Das freundliche Personal des Shiki-Shima.

Das Luxus-Restaurant im Zug.

Shiki-Shima, der neueste 5-Sterne-Luxuszug

Seit Mai 2017 fährt der Shiki-Shima (»Insel der vier Jahreszeiten«) der East Japan Rail zwischen Tokio und der Insel Hokkaido. Der Luxus und Komfort, der sich den Fahrgästen bietet, dürfte einmalig sein: Die Suiten verfügen über wertvolles Interieur, komfortable Bäder mit japanischer Badewanne, die teuerste Suite ähnelt einer Maisonettewohnung; die obere Ebene ist für die Teezeremonie gedacht. Es gibt flackernde »Kamine«, im Speisewagen ist der Fußboden unter den Tischen geheizt (Horigotatsu). Die Speisen haben Sterne-Niveau. In den Panoramawagen laden gemütliche Ledersessel ein, die Landschaft zu bewundern.

Im Salon unterhält eine Klavierspielerin die Fahrgäste.

Eine 4-Tages-Reise kostet umgerechnet in der teuersten Suite knapp 10.000 Euro. Nach dem Start des Shiki-Shima waren Reisen für die ersten zehn Monate rasch ausgebucht.

Designer dieses Zugs der East Japan Railway war Ken Okuyama, der schon für Ferrari und Porsche gearbeitet hat.

Bereits seit 2013 kann mit dem Nobelzug Nanatsuboshi (»Sieben Sterne«) die südliche Insel Kyushu erkundet werden. Als weiterer Luxuszug der West Japan Rail ist seit 2017 der Twilight Mizukaze unterwegs.

Blick in die Deluxe-Suite.

AUSTRALIEN

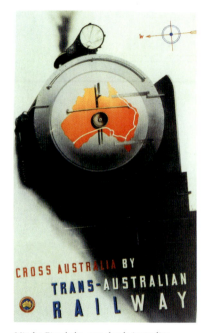

Mit der Eisenbahn quer durch Australien, Plakat um 1940.

Ein Kamelreiter ist das Logo des Zugs.

The Ghan

Nachdem 2004 die Eisenbahnstrecke auf Normalspur fertiggestellt worden war, fährt The Ghan von Adelaide über Alice Springs nach Darwin. Die Strecke gehört mit 2.979 Kilometern zu den längsten der Welt. Dabei durchquert der Zug vier Klimazonen. Der Name stammt von der Bezeichnung The Afghan Express, als früher vor allem afghanische Führer vor der Motorisierung mit Kamelkarawanen den Gütertransport im Innern Australiens durchführten.

Eine Reise zum roten Zentrum Australiens

Eine 7-tägige Reise beginnt Im Kata Tjuta Nationalpark mit Sonnenuntergang und Umrundung des Ayers Rock. Am dritten Tag fährt The Ghan die Gäste von Alice Springs nach Darwin durch eine spektakuläre Landschaft. Es folgt ein Aufenthalte im Kakadu-Nationalpark und in Arnhem Land begeben sich die Reisenden auf den Spuren der Aborigines. Am siebten Tag wird der Transport zum Flughafen Darwin durchgeführt.

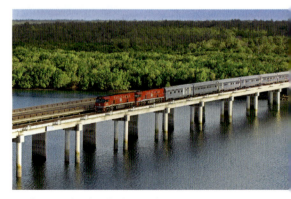

Mit dem Zug The Ghan durch Australien.

Indian Pacific

Im Jahr 1969 war die Eisenbahnstrecke zwischen Perth an der Westküste Australiens und Sydney am Indischen Ozean fertiggestellt. Der erste Indian Pacific verließ am 23. Februar 1970 Sydney und erreichte am 27. Februar Perth. Heute beträgt die Fahrzeit zwischen den beiden Städten, die 4.352 Kilometer auseinanderliegen, 65 Stunden. Im Zug können verschiedene Abteile der 1.Klasse und 2. Klasse und Luxusklasse gebucht werden.

Eine Reise von Perth nach Sydney

Eine 10-tägige Reise beginnt in Perth mit Stadtführung und Bootsfahrt. Am dritten Tag wird das Naturspektakel Pinnacles im Nambung-Nationalpark bestaunt. Am vierten Tag fährt der Indian Pacific durch die Weiten Australiens bis Cook, es folgen Adelaide und Broken Hill. Am siebten Tag ist Sydney erreicht. Bevor es am zehnten Tag wieder nach Hause geht, steht noch der Besuch der Blue Mountains auf dem Programm.

Eine Reise mit The Ghan und Indian Pacific

Die 20-tägige Reise kreuz und quer durch Australien mit den beiden Zügen The Ghan und Indian Pacific beginnt mit dem Flug nach Singapur und am vierten Tag mit einem Flug nach Darwin im Norden Australiens. Im Kakadu-Nationalpark wandeln die Reisenden auf den Spuren der Arboriginres. Im Bahnhof von Darwin steigen die Gäste in The Ghan, der auf der Reise insgesamt fast 3.000 Kilometer zurücklegt, und fahren nach Katherine und weiter nach Alice Springs. Hier wird unter anderem der Royal Flying Doctor Service, der sich seit 80 Jahren um die medizinische Versorgung im Outback kümmert, und das größte Klassenzimmer der Welt, die School of the Air besucht. Über Ultrahochfrequenzradios werden isoliert lebende Schüler unterrichtet.

Der Zug Indian Pacific vor der Abfahrt.

Am folgenden Tag kann wer mag eine Wanderung entlang des Kings Canyons, die über 350 Millionen Jahre alte spektakuläre Schlucht, unternehmen. Weiter geht die Fahrt durch eine karge Wüstenlandschaft zum Kata-Tjuta-Nationalpark mit dem Monolithen Uluru, Ayers Rock: 3,6. Kilometer lang, 348 Meter hoch, 2,4 Kilometer breit. Am elften Tag fliegen die Reisenden nach Sydney. Hier gibt es eine Hafenrundfahrt durch einen der größten und schönsten Naturhäfen der Welt. Die Reisenden lernen auch die Blue Mountains südwestlich von Sydney kennen. Im Featherdale Wildlife Park können einheimische Tiere wie Kängurus und Koalas beobachtet werden. Am vierzehnten Tag steht der Indian Pacific in Sydney bereit für eine Fahrt von rund 4.300 Kilometer durch den Fünften Kontinent. Die Fahrt geht

Durch das weite Australien mit The Ghan.

Unterwegs mit dem Indian Pacific.

nach Broken Hill und weiter nach Adelaide, am sechzehnten Tag erreicht der Zug Kalgoorlie, wo 1893 zum ersten Mal Gold gefunden wurde. Weiter geht die Fahrt durch die Nullarbor-Wüste. Auf 487 Kilometern gibt es keine einzige Kurve. Die Gäste reisen weiter nach Perth, besuchen die sagenhaften Pinnacles im Nambung-Nationalpark. Zurück in Perth geht es bald zurück in die Heimat.

NEUSEELAND

Der Coastal Pacific Express.

Schöne Züge – überwältigende Natur

Eine Reise von Chirstchurch nach Auckland
Eine aufregende 21-tägige Fahrt mit Neuseelands schönsten Zügen beginnt mit einem Flug nach Singapur und später nach Christchurch auf Neuseelands Südinsel. Die Reisenden fahren mit dem TranzAlpine Express, dem berühmtesten Zug Neuseelands, entlang einer der schönsten Stecken der Welt nach Greymouth. Weiter geht es entlang der Westküste bis Queenstown. Danach führt der Weg nach Te Anau. Nicht nur für Eisenbahnfreude ist die 4-stündige Fahrt mit dem Taieri Gorge-Zug ins Hinterland von Otago und in die entlegene Canyon-Landschaft des Taieri-Flusses ein Erlebnis. Die besten Fotos gelingen von der Aussichtsplattform dieses Zugs. Am vierzehnten Tag geht es mit dem Coastal Pacific Express von Christchurch ins beschauliche Picton. Während dieser 5-stündigen Fahrt werden fast 24 Tunnel und 175 Brücken passiert. Auch dieser Zug verfügt über einen Panoramawagen.

Die Reise mit dem Northern Explorer Express bringt die Gäste durch grünes Farmland, entlang der rauen Küste und vorbei am Tongariro-Nationalpark mit drei Vulkanen, schneebedeckten Bergen und Lavafeldern. Ein besonderes Erlebnis ist der Besuch von Waitomo im Land der Maori. Mit dem Driving Creek, einer Schmalspurbahn, fahren die Gäste auf der Coromandel-Halbinsel durch mehrere Tunnel, die Fahrt endet in Auckland.

THE GHAN
INDEAN PACIFIC
TRANZALPINE EXPRESS
TAIERI GORGE
COASTAL PACIFIC EXPRESS
NORTHERN EXPLORER EXPRESS
DRIVING CREEK
Lernidee Erlebnisreisen GmbH
Kurfürstenstraße 112
10787 Berlin
Tel. 030/7 86 00 00
www.lernidee.de

Im Panoramawagen des Coastal Pacific Express.

Der Northern Explorer.

SÜDAFRIKA

Rovos Rail

Mit dem edlen Luxuszug durch Südafrika. Der Unternehmer Rohan Vos restauriert seit den 1980er Jahren mit viel Liebe zum Detail historische Zugwagen. Dabei wurde das elegant-romantische Ambiente der Viktorianischen und Edwardianischen Epoche mit allem Komfort der Neuzeit verbunden. Zu Rovos Rail gehören auch fünf aufwändig wiederhergestellte Dampflokomotiven und ein privater Bahnhof in Pretoria. Bei Rovos Rail gibt es mehr als 75 edle Wagen, die alle mit einem eigenen Bad ausgestattet

Der Luxuszug von Rovos Rail im Bahnhof von Pretoria.

sind. Am Ende des Zugs gibt es einen Lounge-Wagen mit offener Aussichtsplattform. Den Reisenden stehen verschiedene Suiten zur Verfügung: Kategorie Pullmann Suite, etwa 7 Quadratmeter groß, Kategorie Deluxe, etwa 10 Quadratmeter groß, und Kategorie Royal etwa 16 Quadratmeter groß. Im Restaurantwagen werden feinste Speisen serviert.

Eine Reise von Dar Es Salaam nach Kapstadt

Die 19-tägige Reise führt auf etwa 6.100 Kilometern von Dar Es Salaam durch Tansania, Sambia, Simbabwe, Botswana nach Südafrika. Die Schienenkreuzfahrt beginnt am dritten Tag in Dar Es Salaam im TaZaRa-Bahnhof, erbaut im modern-chinesischen Stil. Am nächsten Tag steht eine Pirschfahrt durch das Selous-Wildreservat auf dem Programm. Über das Rift Valley führt der Weg nach Sambia.

Am Ende des Zugs: Der Loungewagen mit offener Plattform.

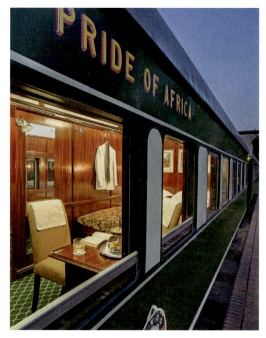
Eine Deluxe-Suite des Zugs.

Die Club-Lounge im Zug.

Der Zug windet sich an Steilhängen entlang und passiert 23 Brücken und zahlreiche Tunnel. Am nächsten Tag stehen Ausflüge auf dem Programm und die Reisenden wandeln auf den Spuren von David Livingstone. In Kapiri Mposhi wechselt der Zug von der TaZaRa-Strecke auf die alte Kolonial-Bahnlinie. Am neunten Tag fährt das rollende Hotel über die Viktoria Falls-Brücke, die Sambia mit Simbabwe verbindet. 1905, als die Brücke fertig gebaut worden war, war sie die bis dahin höchste Brücke der Welt. Der Zug fährt bis Viktoria Falls, wo eine Safari-Fahrt mit Bus und Boot stattfindet. Am elften Tag wird die Grenze zu Botswana überquert und der Zug rollt bis in die weiten Ebenen der Rand-Kalahari. Es folgen eine Safari im offenen Wagen und Übernachtung in einer Komfort-Safari-Lodge. Wieder im Zug geht es nach Pretoria. Am sechzehnten Tag steht Kimberley auf dem Programm, Stadt der Diamanten. Nach der Fahrt durch die Tunnel der Hex River-Berge rollt der Zug durch die grünen Weinlandschaft. Am Abend erreicht der Zug Kapstadt. Am 19. Tag ist die schöne Reise zu Ende.

Diese Reise kann auch von Kapstadt nach Dar Es Salaam durchgeführt werden.

Es besteht die Möglichkeit einiger Vorreisen oder Verlängerungen der oben geschilderten Reisen: Genuss und Romantik in Kapstadt, Auf Safari in Tansanias Naturparadiesen, Sansibar – Weltkulturerbe und Traumstände.

Die historische Lok 2702.

African Explorer

Der African Explorer, das rollende Hotel, wurde jüngst renoviert und bietet seinen Gästen jedweden Komfort, dabei ist legere Kleidung üblich, Abendbekleidung braucht es nicht. Zum Lounge-Wagen gehört eine offene Plattform, von der die Wildnis hervorragend fotografiert werden kann. Es gibt zwei Abteil-Kategorien: Elefant mit ca. 7 Quadratmetern und Leopard mit ca. 10 Quadratmetern und jeweils eigenem Bad. In den Restaurantwagen werden afrikanische und europäische Speisen serviert.

Eine Reise von Kapstadt nach Windhoek

Während dieser Reise übernachten die Gäste sieben Mal im Zug, einmal im Hotel in Kapstadt, zweimal in einer Lodge in der Namib-Wüste und einmal in einer Safari-Lodge beim Etosha-Nationalpark. Nach der Ankunft in Kapstadt wird am dritten Tag der African Explorer bestiegen. Am nächsten Tag wird abends die Grenze zu Namibia passiert. Es folgt ein Busausflug zum Fish River Canyon, dem zweitgrößten Canyon der Welt. Am achten und neunten Tag gibt es Busausflüge durch die Namib-Wüste und den Namib-Naukluft-Nationalpark bis Swakopmund. Am elften Tag verlässt der Zug Swakopmund. Am nächsten Tag folgt eine Busfahrt durch den Etosha-Nationalpark. Am dreizehnten Tag rollt der Zug in Windhoek ein. Und am nächsten Tag geht es zurück nach Deutschland.

Diese Reise kann auch von Windhoek nach Kapstadt durchgeführt werden.

Mit dem African Explorer zu den Sehenswürdigkeiten Südafrikas.

Ein Schlafabteil im rollenden Hotel.

Die Viktoria Falls mit der Viktoria Falls-Brücke.

Der elegante Speisewagen des African Explorer.

Eine Reise von Johannesburg zu den Viktoriafällen

Die 15-tägige Reise beginnt in Johannesburg. Am dritten Tag steht der African Explorer bereit. Die historische Bahnstrecke zwischen Pretoria und Maputo am Indischen Ozean führt durch eine atemberaubende Landschaft. Am sechsten Tag erreicht der Zug den Krüger-Nationalpark, hier geht es auf Safari. Auch am achten Tag führt eine Pirschfahrt durchs private Kapama-Schutzgebiet, mit Besuch einer Aufzuchtstation für gefährdete Tiere. Danach überquert der Zug den Limpopo. Am folgenden Tag Besuch der mächtigen Ruinen von Great Zimbabwe, einem UNESCO-Weltkulturerbe. Am elften Tag werden das Grab des britischen Eroberers und Politikers Cecil Rhodes und Felsmalereien der San-Buschleute, auch ein UNESCO-Weltkulturerbe, besucht. Am dreizehnten Tag sind die Viktoriafälle erreicht. Von Aussichtspunkten blicken die Reisenden auf die 1,7 Kilometer lange Absturzkante, wo die tosenden Wassermassen des Sambesi in die Tiefe rauschen. Am vierzehnten Tag heißt es: auf Wiedersehen in Südafrika.

Diese Reise wird auch von den Viktoriafällen nach Johannesburg durchgeführt.

Es besteht die Möglichkeit einiger Vorreisen oder Verlängerungen der oben geschilderten Reisen: Kapstadt, Hausboot-Safari auf dem Sambesi, Chobe-Nationalpark und Okavango-Delta.

ROVOS RAIL
AFRICAN EXPLORER
Lernidee Erlebnisreisen GmbH
Kurfürstenstraße 112
10787 Berlin
Tel. 030/7 86 00 00
www.lernidee.de

NORDAMERIKA

Der Canadian in den Rocky Mountains.

The Canadian/Le Canadien

Die Weiten von Kanada und den USA mit dem Zug zu erkunden ist eine fantastische Reise durch atemberaubende Landschaften. Der Zug The Canadian/Le Canadien ist ein luxuriöser Reisezug, der zwischen Toronto und Vancouver verkehrt, die Entfernung beträgt 4.466 Kilometer Der Zug wurde 1955 von der Canadian Pacific Railway (CPR) eingeführt. Es waren moderne Züge mit Panoramawagen mit Kuppeldach und Abteilen mit besonders großen Fenstern sowie Schlafwagen. 1978 übernahm die staatliche Gesellschaft VIA Rail den Passagierverkehr der CPR; The Canadian wurde der wichtigste transkontinentale Zug.

Der historische Zug wurde für 22 Mio. Dollar reno-

The Canadian in den Rocky Mountains, im Hintergrund der Mount Robson.

viert, 2015 die neue Prestige Sleeper Klasse oberhalb der Sleeper Plus-Klasse eingeführt. Je nach gewählter Klasse werden Gourmet-Speisen serviert, es gibt einen exklusiven Zugang zum Panorama- und Lounge-Bereich, Zugang zum Skyline-Wagen, komfortable Abteile mit Bädern. Nur vom Zug aus offenbaren sich die landschaftlichen Schönheiten Kanadas. Die Economy-Klasse ist preisgünstiger.

KANADA

The Canadian/Le Canadien

Eine 4-tägige Reise mit The Canadian beginnt in Vancouver. Die erlebnisreiche Fahrt über 4.466 Kilometer geht über Kamloops, Jasper, Edmonton, Saskatoon, Winnipeg, Sioux Lookout, Sudbury Jct. und endet in Toronto. Vorbei geht die Fahrt an Präriefeldern, rauen Seenlandschaften und malerischen Orten sowie schneebedeckten Gipfeln der Rocky Mountains.

The Canadian mit dem DomeCar in der Mitte.

Eine Tagesreise mit einem komfortablen Zug legt zwischen Windsor und Québec City 1.765 Kilometer zurück. Zu den Haltepunkten gehören auch London, Niagara Falls, Toronto, Kingston, Ottawa, Montréal und Ste-Foy.

Die Schienen schlängeln sich durch die Berge.

The Ocean, ein Nachtzug, legt zwischen Montréal und Halifax rund 1.340 Kilometer zurück. Die Zugfahrt mit The Ocean beginnt in Montréal, wenn gerade die Dämmerung einsetzt. Am Morgen fährt der Zug die Küste der Baie-des-Chaleurs hinab bis bald Halifax erreicht wird. Dazwischen liegen eine geruhsame Nacht und eine Verpflegung mit regionalen Speisen.

Eine 4-Tägige Reise führt von Jasper über Prince George nach Prince Rupert. Während dieser 1.160 Kilometer langen Reise entlang malerischer Flüsse und an British Columbias rauer Pazifikküste genießen die Reisenden die einmaligen Ausblicken zum Jasper-Nationalpark und auf die kanadischen Rocky Mountains. Eine 3-tägige 1.697 Kilometer lange Reise führt von Winnipeg über The Pas, Thompson, Pukatawagan bis Churchill im Norden. Im Winter können während dieser Reise in die subarktische Region des nördlichen Manitoba Nordlichter bestaunt werden. Im Herbst sind Eisbären und im Sommer Belugawale zu beobachten.

Eine Tagestour zwischen Montréal und Senneterre (717 Kilometer) oder Montréal und Jonquière (510 Kilometer) führt vorbei an dichten Wäldern, Wildwasserflüssen, Wasserfällen und unzähligen Seen.

Lange Strecken führen durch unberührte Natur.

Der Rocky Mountaineer in Doppeltraktion.

In der Glaskuppel des DomeCar.

Rocky Mountaineer

Im Jahr 1990 wurde in Vancouver, Kanada, die Eisenbahngesellschaft Rocky Mountaineer gegründet. Im Jahr 1999 war ein Zug des Rocky Mountaineer mit 41 Wagen der bisher längste Reisezug Kanadas. Mit diesem Luxuszug werden verschiedene Reisen durch die Rocky Mountains und nach Alaska angeboten. Der Rocky Mountaineer verfügt über zahlreiche Lokomotiven und Wagen, darunter 48 Reisezugwagen und davon wiederum 16 Doppelstockwagen mit Panoramaglasdächern. Die Züge des Rocky Mountaineer fahren auf vier Strecken durch den Westen Kanadas. Dabei erleben die Reisenden neben den aufregenden Landschaften türkisblaue Seen, schneebedeckte Berge, moderne Metropolen und hübsche Kleinstädte.

Die mehrtägigen Zugfahrten enden am Abend, übernachtet wird in gemütlichen Hotels oder Luxushotels. Es finden auch Ausflüge mit Bussen und Schiffen statt. Die Zugbegleiter sind bestens informiert und berichten im Lauf der Reise über die regionale Geschichte, über Tiere, Landschaften und andere Sehenswürdigkeiten.

Beim Rocky Mountaineer werden die Fahrgäste der Kategorie GoldLeaf Class erstklassig in der oberen klimatisierten Etage unter einer Glaskuppel versorgt. Im Speisewagen darunter gibt es hervorragende Sterne-Menüs. In der Kategorie SilverLeaf Class sitzen die Fahrgäste im klimatisierten Großraumwagen mit großen Fensterscheiben. Speisen aus der Gourmetküche werden am Platz serviert.

Reisen in die kanadischen Rocky Mountains

Es finden zahlreiche mehrtägige Reisen statt. Sie beginnen in Seattle/Vancouver. Während einer 12-tägigen Rundreise fährt der Rocky Mountaineer nach den Ausflügen in Vancouver nach Kamloops, weiter nach Jasper und entlang des Columbia Icefield. Mit dem Ice Explorer geht es zum Athabasco Gletscher. Weiter geht's nach Lake Louise. Zu den Attraktionen der Reise gehören der Spiral Tunnel von 1909, der Emerald Lake, der größte See des Nationalparks, sowie eine natürliche Felsbrücke über den Kicking Horse River. Weiterfahrt nach Banff und Kamloops bis Vancouver. Dazwischen werden einige Strecken mit dem Bus zurückgelegt.

Eine 10-tägige Rundreise führt von Seattle/Vancouver nach Whistler, Quesnel, Jasper, Kamloops und zurück nach Vancouver – mit Busfahrten auf einigen Strecken.

Zwei Loks ziehen den Zug durch die Rocky Mountains.

Der Zug fährt am Seton Lake entlang.

Eine 11-tägige Reise beginnt in Seattle/Vancouver und geht über Kamloops, Jasper, Lake Louise über Banff nach Calgary – mit Busfahrten auf einigen Strecken. Eine Schienenkreuzfahrt kann auch mit einer Kreuzfahrt auf einem komfortablen Schiff kombiniert werden. Die Alaskarundreise kann zu Beginn oder am Ende einer Zugfahrt vorgenommen werden. Davor oder danach fährt der Rocky Mountaineer seine Gäste von Vancouver über Kamloops Jasper, Columbia, Icefield, Lake Louise nach Banff und endet in Vancouver – mit Busfahrten auf einigen Strecken.

Es finden auch 2-tägige oder mehrtägige Reisen nur mit dem Rocky Mountaineer statt. Sie beginnen in Seattle oder Vancouver und führen durch atemberaubende Landschaften nach Kamloops und Japser oder von Kamloops nach Lake Louise und Banff. Übernachtet wird in Hotels. Eine 3-tägigee Zugfahrt beginnt in Vancouver und führt über Whistler nach Quesnel bis Jaspers.

Während dieser Reisen gehören zu den Highlights unter anderem eine Seilfahrt in Banff auf den Sulphur Mountain, eine Tour durch den Jasper Nationalpark (UNESCO-Weltnaturerbe), ein Helikopter- Rundflug auf die Gipfel der Rocky Mountains, Fahrt in Vancouver mit der Skyride-Gondel auf den Grouse Mountain, wo Grizzly-Bären aus der Nähe betrachtet werden können. Und eine Busfahrt von Vancouver nach Victoria, von dort eine Expedition auf dem Pazifik: hier können wildlebende Orcas, auch Killerwale genannt, beobachtet werden.

THE CANADIAN/
LE CANADIEN
THE OCEAN/L`OCEAN
ROCKY MOUNTAINEER
CRD International GmbH
im stilwerk Hamburg
Große Elbstraße 68
22767 Hamburg
Tel. 040/40 30 06 160
www.crd.de
www.crd-select.de

USA

Capitol Limited

California Zephyr

Southwest Chief

Coast Starlight

Die USA verfügen über ein landesweites Netz öffentlich verkehrender Züge, die von der Bahngesellschaft Amtrak betrieben werden. Der Capitol Limited ist ein transkontinentaler Reisezug.

Der California Zephir schlängelt sich durch enge Kurven, tiefe Täler und enge Canyons. Southwest Chief ist der schnellste transkontinentale Zug Nordamerikas. Der Coast Starlight wurde 1971 durch Amtrak geschaffen. Er ist der einzige Zug, der die gesamte Westküste entlang des Pazifiks mit seinen spektakulären Aussichten fährt.

Die Fahrgäste erleben auf traumhaften Routen großartige Landschaften bequem vom eigenen Abteil aus. Im Economy-Schlafwagenabteil gibt es zwei übereinanderliegende Betten. Dusche und Toiletten sind Gemeinschaftseinrichtungen. Im Komfort-Schlafwagenabteil gibt es mehr Platz, Sofa, Sessel, übereinanderliegenden Betten und ein privates Bad. Auf den meisten Strecken werden doppelstöckige Superliner-Wagen eingesetzt. Fahrten von New York City nach Washington und von Los Angeles nach Oakland werden im Sitzwagen zurückgelegt. Während der Reise vom Pazifik zum Atlantik wird in Hotels oder in den Zügen übernachtet.

Die Züge fahren durch die wunderbaren Landschaften der USA.

Eine Reise von New York City nach San Francisco

Die 14-tägige Reise beginnt in New York City. Am zweiten Tag bringt ein Großsegler die Reisenden zur Freiheitsstatue. Am Nachmittag geht es mit dem Acela Express nach Washington. Nach verschiedenen Ausflügen zum Weißen Haus und zum US Capitol beginnt die Zugreise mit dem Capitol Limited. Am vierten Tag lernen die Gäste Chicago und den 527 Meter hohen Sears Tower kennen. Am fünften Tag steht der California Zephyr zur Abfahrt bereit. Die Reise geht durch die Weiten des Mittleren Westen in Richtung Rocky Mountains.

Am nächsten Tag folgt der Zug 300 Kilometer lang dem Lauf des Colorado Rivers. In Grand Junction ist die Zugfahrt erst einmal beendet. Am nächsten Tag steht eine Fahrt mit einem Schlauchboot in die unzugänglichen Canyons des Colorado Rivers auf dem Programm. Nachmittags wird der Arches-Nationalpark besucht. Weiter geht´s per Bus zum Monument Valley. Am neunten Tag können die Reisenden per Boot auf dem größten Stausee der Welt, dem Lake Powel, die größte Steinbrücke der Welt bestaunen. Am zehnten Tag führt der Weg zu den schönsten Aussichtslogen über dem Grand Canyon, bevor am Abend Flagstaff erreicht wird. Der Southwest Chief steht bereit und fährt nach Los

Der California Zephyr im Mittleren Westen.

Der Coast Starlight an der Steilküste des Pazifiks.

Angeles. Am zwölften Tag fährt der Coast Starlight über 180 Kilometer entlang der Steilküste über dem Meer von Los Angeles nach Oakland. Am dreizehnten Tag ist San Francisco erreicht. Damit ist die großartige Amerikareise beendet.

Auf der Strecke New York City – Washington werden moderne Triebwagen des Typs Acela Express eingesetzt, die mit den europäischen Hochgeschwindigkeitszügen vergleichbar sind. Der Tageszug Coast Starlight fährt in einem gemächlicheren Tempo von Los Angeles nach Oakland.

CAPITOL LIMITED
CALIFORNIA ZEPHYR
SOUTHWEST CHIEF
COAST STARLIGHT
Lernidee Erlebnisreisen GmbH
Kurfürstenstraße 112
10787 Berlin
Tel. 030/7 86 00 00
www.lernidee.de

LATEINAMERIKA
Mit fünf Zügen durch Argentinien, Bolivien, Ecuador und Peru

Fünf legendäre Züge fahren auf den faszinierenden Bahnstrecken in zahllosen Schleifen zu den schneebedeckten Gipfeln der Anden, über schwindelerregende hohe Brücken und durch kilometerlange Tunnel. Außergewöhnliche Zug-Erlebnisreise auf fünf verschiedenen Bahnstrecken mit den Zügen Tren de la Costa, Tren a las Nubes, Wara Wara del Sur, Belmond Andean Express und Vistadome.

Der Tren a las Nubes fährt durch die Wolken.

Eine Reise von Buenos Aires nach Lima

Eine 24-tägige Reise beginnt in Buenos Aires. Während dieser Tour werden die Reisenden dreizehn Mal in Hotels, einmal im Belmond Andean Explorer (Schlafwagenabteil mit Bad) und einmal auf dem Titicaca-Katamaran übernachten. Am dritten Tag fährt der Tren de la Costa entlang des Río de la Plata ins Tigre-Delta. Zurück in Buenos Aires folgt eine Fahrt mit der ältesten Metro Südamerikas durch die Stadt. Weiter fährt der Zug durch das subtropische Tal des Río los Sosa. Weiter geht die Fahrt nach Cafayate und zur Cafayate-Schlucht mit den bizarren Felsformationen und faszinierenden Ausblicken auf die Anden. Über Cachi geht's weiter nach Salta. Am neunten Tag wartet der Tren a las Nubes auf die Gäste. Der Zug fährt auf einer der berühmtesten Zugstrecken der Welt. Der höchste Punkt liegt bei 4.220 Metern. Von hier fährt ein Bus nach Purmamarca. Am folgenden Tag wird die Quebrada de Humahuaca Schlucht (UNESCO-Weltnaturerbe) erkundet, durch deren Felswände einst die Straße der Inkas führte. Weiterfahrt zur bolivianischen Grenze. In Villazón fährt der öffentliche Zug Wara Wara in der Nacht bis Uyuni.

In 3.700 Metern Höhe breitet sich das Naturschauspiel Salar de Uyuni, ein Meer aus Salz, aus. Am vierzehnten Tag erreicht der Zug Potosí, ein UNESCO-Welterbe und höchst gelegene Großstadt der Welt auf 4.070 Metern. Am folgenden Tag steht Sucre auf dem Programm, eine spanische Kolonialstadt, die ein UNESCO-Weltkulturerbe ist.

Am sechzehnten Tag folgt ein Flug nach La Paz, danach Fahrt zum Titicaca-See und nach Copacabana. Später gehen die Gäste an Bord des Katamarans. Am neunzehnten

Der Belmond Andean Explorer.

Der Zug Wara Wara del Sur.

Der Belmond Andean Explorer auf dem Weg nach Cusco.

Tag Besuch der schwimmenden Inseln der Uros-Indianer und der Insel der strickenden Männer. Am 20. Tag steht der Belmond Andean Explorer bereit für eine spektakuläre Fahrt nach Cusco, der Inka-Hauptstadt. Einmalig ist der Blick von der Festung Sacsayhuaman über die Dächer von Cusco (UNESCO-Weltkulturerbe). Der höchste Punkt der Fahrt ist der La Raya-Pass auf 4.312 Meter Höhe auf dem Weg nach Cusco. Am zweiundzwanzigsten Tag steht auf 2.400 Meter Höhe Machu Picchu auf dem Programm (UNESCO-Weltkulturerbe), die wohl berühmteste und faszinierendste archäologische Stätte Südamerikas. Mit dem Flugzeug geht es nach Lima und von dort zurück in die Heimat.

Eine Reise von Guayaquil nach Machu Picchu/Cusco

Mit dem Tren Crucero werden in Ecuador 450 Kilometer zurückgelegt. Der Zug besteht aus vier Wagen unterschiedlicher Stilrichtungen, die die Geschichte Ecuadors widerspiegeln, es gibt einen Panoramawagen und eine Aussichtsplattform. In dem Luxuszug Belmond Andean Explorer warten auf die Reisenden große Abteile mit eigenem Bad, Salonwagen, elegante Speisewagen und Pano-

ramawagen. Auf rund 390 Kilometern fährt der Zug durch Peru. In gut drei Stunden fährt der elegante Belmond Hiram Bingham im Stil der Pullman-Wagen der 1920er Jahre nach Machu Picchu. Der Zug verfügt über einen Speisewagen, Barwagen und Aussichtswagen. Von Machu Picchu fährt der Zug zurück nach Cusco.

Mit den drei Zügen führt eine 14-tägige Reise durch Ecuador und Peru. Es beginnt in Guayaquil. Am zweiten Tag fährt der komfortable Tren Crucero, bespannt mit einer historischen Dampflok, entlang tropischer Fruchtplantagen in den Nebelwald. Am folgenden Tag erklimmt der Zug die spektakuläre Teufelsnase, eine der berühmtesten Strecken der Welt. Die Kolonialstadt Riobamba wird erreicht. In der Provinz Chimborazo fährt der Zug zum höchstgelegenen

Der Tren Crucero in Ecuador.

Der Speisewagen im Belmond Hiram Bingham.

Der Salonwagen.

Bahnhof Ecuadors auf 3.606 Meter Höhe. Mit dem Zug geht es nach Otavalo, wo eine Dampflokomotive wartet. Zurück in Quito geht es mit dem Flugzeug über Lima nach Arequipa, Besichtigung der Altstadt (UNESCO-Weltkulturerbe). In Arequipa wartet der Belmond Andean Explorer auf die Reisenden. Am folgenden Tag stehen auf dem Programm der Titicaca-See. Weiter geht die Fahrt durch das Hochland der Anden bis zur Inkastadt Cusco.

Am elften Tag erlaubt die Zugfahrt mit dem Belmond Hiram Bingham mit den großen Panoramafenstern wundervolle Ausblicke auf das Urubamba-Tal. Später wird das UNESCO-Weltkulturerbe Machu Picchu besichtigt. Am vorletzten Tag der Reise werden die mächtige Festung Ollantaytambo, die Terrassen von Moray und die Salzminen von Maras besucht. Nach einem Aufenthalt in Cusco folgt der Rückflug in die Heimat.

Der Belmond Andean Explorer unterwegs in Peru.

TREN CRUCERO
BELMOND ANDEAN EXPLORER
BELMOND HIRAM BINGHAM
TREN DE LA COSTA
TREN A LAS NUBES
WARA WARA DEL SUR
VISTADOME
Lernidee Erlebnisreisen GmbH
Kurfürstenstraße 112
10787 Berlin
Tel. 030/7 86 00 00
www.lernidee.de

Der Belmond Hiram Bingham im Urubamba-Tal.

Der Belmond Hiram Bingham in Ecuador.

GEMÜTLICH mit Dampf

und

SCHNELL mit Hochgeschwindigkeit

Jetzt müssen Sie sich entscheiden: Lieber gemütlich mit einer schönen alten Dampflok durchs malerische Deutschland fahren oder lieber ganz fix mit einem der modernen Hochgeschwindigkeitszüge durch Europa flitzen. Beides hat seinen Reiz: Mit den Dampfloks genießen Sie (Fahr-)Zeit, mit den schnellen Zügen sparen Sie Zeit.

Großes Dampfvergnügen auf schmaler Spur: HSB Harzer Schmalspurbahnen

Der Harz ist Deutschlands nördlichstes Mittelgebirge. Er wird in seinem östlichen Teil von einem Schmalspurnetz erschlossen, auf dem heute noch fahrplanmäßig Dampfzüge durch die zerklüftete Gebirgswelt fahren. Die kleinen Züge mit ihren tüchtigen Lokomotiven fahren durch tiefsten Forst, über steil aufragende Berge und durch romantische Schluchten, vorbei an weiten Wiesen, bezaubernden Ortschaften und Städtchen, in denen die Zeit stillzustehen scheint. So viel Natur ist mit so viel Eisenbahnhistorie, Schienen- und Maschinengeschichte in Fülle und Vielfalt verbunden, dass jeder Augenblick unauslöschliche Ein drücke hinterlässt. HSB bedeutet nicht nur Harzer Schmalspurbahnen (offiziell), sondern auch Harzquerbahn, Selketalbahn, Brockenbahn (inoffiziell). Das gesamte Streckennetz beträgt rund 140 Kilometer und ist das längste zusammenhängende dampfbetriebene Europas.

Die Selketalbahn

Die älteste Schmalspurbahn im Harz hieß früher Gernroder-Harzgeroder Eisenbahn, GHE. Sie führt von Quedlinburg (tiefstgelegener Bahnhof, 121 Meter) über Alexisbad hinauf nach Harzgerode. Von Alexisbad geht es weiter aufwärts nach Stiege und Hasselfelde und von

Die Selketalbahn mit der Lok 99 6001-4 aus Richtung Gernrode kommt im Bahnhof Quedlinburg an.

Stiege nach Eisfelder Talmühle, wo die GEH auf die Harzquerbahn trifft. Ihren jetzigen Namen verdankt die Bahn dem landschaftlich reizvollen Selketal. Die Streckenlänge der Selketalbahn beträgt 61 Kilometer.

Bevor Gernrode 1885 Bahnanschluss an die Strecke Quedlinburg – Frose erhalten hatte, gab es aus Kreisen der Industrie Bestrebungen, nicht nur die Harzer Randstädte mit der Bahn zu erschließen, sondern auch die kleineren Orte im Gebirge. Zahlreiche Projekte entstanden, wurden aber vorerst nicht ausgeführt. Erst als Gernrode an die Bahn angeschlossen worden war, wurde die GHE als Aktiengesellschaft gegründet und erhielt am 14. März 1886 die Konzession zum Bau und Betrieb einer Eisenbahn mit der Spurweite 1000 mm von Gernrode nach Harzgerode. Die Schmalspur hat im kurvenreichen Berggelände Vorteile gegenüber der breiteren Normal- oder Regelspur.

Die GHE, die inoffiziell auch Anhaltinische Harzbahn genannt wurde, weihte bereits im August 1887 die erste Teilstrecke von 10,1 Kilometern bis Mägdesprung ein. Wegen des schwierigen Geländes konnte erst ein Jahr später die Teilstrecke Mägdesprung bis Harzgerode mit ihren 7,4 Kilometern im Juli 1888 befahren werden. Das 9,3 Kilometer lange Teilstück von Silberhütte nach Güntersberge wurde 1890, der 8,6 Kilometer lange Abschnitt von hier nach Stiege im Jahr darauf in Betrieb genommen. Im Jahr 1892 war Hasselfelde erreicht. Der Abschnitt zwischen Stiege und Eisfelder Talmühle konnte

Die Lok 99 6001-4 der Selketalbahn im Bahnhof Alexisbad.

De Harzquerbahn mit Lok 99 7245-6 aus Nordhausen kommend fährt in den Bahnhof Eisfelder Talmühle.

1905 dem Verkehr übergeben werden. Somit war eine Verbindung zur Harzquerbahn geschaffen worden.

Nach dem Zweiten Weltkrieg endete zunächst der Verkehr auf der Selketalbahn. Später wurde die GHE in Volkseigentum überführt, der Wiederaufbau der Strecke begann. Die Erweiterung der Selketalbahn von Gernrode bis Quedlinburg erfolgte 2006.

Eine erlebnisreiche Bahnfahrt beginnt in Gernrode, 210 Meter hoch gelegen. Bei dem Haltepunkt Sternhaus-Ramberg hat der Zug das Ramberg-Massiv bezwungen und eine Höhe von 412 gewonnen. Von Alexisbad nach Stiege erreicht die Bahn auf 336 Meter Höhe Silberhütte, wo bis zum Ersten Weltkrieg Silber abgebaut wurde. Dann erreicht der Zug auf 486 Meter Höhe Stiege. Von hier kann man zum 452 Meter hohen Hasselfelde herunterfahren oder macht einen Abstecher zur Harzquerbahn nach Eisfelder Talmühle.

Die Harzquerbahn

In der zweiten Hälfte des 19. Jahrhunderts wurde überall im Land der Eisenbahnbau vorangetrieben. Nur der Harz war nicht dabei. Der eine Grund lag in dem schwierigen Gelände und der andere Grund war ein ökonomischer, denn niemand hielt es für notwendig, das dünn besiedelte und industriell kaum erschlossene Gebiet mit einer Eisenbahn zu erfassen. Erst 1896 erteilte die preußische Regierung am 27. Mai die »Konzession zum Bau und Betrieb einer für den Betrieb mittels Dampfkraft und für die Beförderung von Personen und Gütern im öffentlichen Verkehr bestimmte, den Vorschriften der Bahnordnung für die Nebeneisenbahnen Deutschlands unterworfene Eisenbahn mit 1 m Spurweite von Nordhausen über Ilfeld nach Wernigerode mit einer Abzweigung nach dem Brocken«. Am 25. Juni 1866 wurde in Berlin die NWE Nordhausen-Wernigeroder Eisenbahngesellschaft gegründet und im gleichen Jahr begannen in Nordhausen und von Wernigerode her die Bauarbeiten.

Die ersten elf Kilometer zwischen Nordhausen und Ilfeld wurden am 12. Juli 1897 dem Verkehr übergeben. Die 20-Kilometer-Strecke zwischen Wernigerode über Drei Annen Hohne nach Schierke wurde am 20. Juni 1898 eröffnet. Bereits am 27. März 1899 war das 79,41 Kilometer lange Streckennetz fertiggestellt, wovon auf die eigentliche Harzquerbahn, die das Gebirge in Nord-Süd-Richtung durchquert, 60,4 Kilometer entfallen.

Nach dem Zweiten Weltkrieg wurde die Harzquerbahn volkseigen und 1949 der Deutschen Reichsbahn der DDR übergeben und 1972 durch das Ministerium für Verkehrswesen zum technischen Denkmal erklärt. Eine abwechslungsreiche Eisenbahnfahrt beginnt in dem idyllischen Städtchen Wernigerode, bewältigt Höhenunterschiede von 230 Metern, führt durch Landschaften, die zu den schönsten gezählt werden, dampft durch einen 60 Meter langen Tunnel, dem einzigen der Harzer Schmalspurbahnen, und erreicht nach rund drei aufregenden Stunden Nordhausen-Nord.

Die Harzquerbahn mit Lok 99 7234-0 verlässt den Bahnhof Wernigerode.

Die Brockenbahn verlässt den Brocken und fährt Richtung Schierke.

Die Brockenbahn

Es war das Jahr 1899, als der 19 Kilometer lange Teil der Harzquerbahn von Drei Tannen Hohne bis Schierke dem Verkehr übergeben wurde. Am Tag des Mauerbaus am 13. August 1961, als der Kalte Krieg zwischen Ost und West seinen Höhepunkt erreicht hatte, wurde von Seiten der DDR die grenznahe Teilstrecke zwischen Schierke und dem Brocken für den Reisezugverkehr gesperrt. Nach dem Mauerfall und dem Untergang der DDR 1989 dauerte es bis zum 27. Mai 1991, als die erste Dampflokomotive wieder den Brockenbahnhof erreichte.

Ein überwältigendes Panorama bietet sich den Reisenden während einer winterlichen Zugfahrt mit der Brockenbahn. Die Fahrt beginnt in Drei Annen Hohne auf 540 Meter Höhe und windet sich fünf Kilometer hoch bis Schierke auf 685 Meter Höhe. Auf weiteren 14 Kilometern muss der Zug einen Höhenunterschied von 440 Metern bewältigen. In Kehrschleifen und weiten Bögen erreicht der Zug den höchst gelegenen Bahnhof, den Brockenbahnhof auf 1125 Meter Höhe. Die Streckenlänge beträgt 19 Kilometer.

Die Brockenbahn mit Lok 99 7240-7 am Goetheweg unterhalb des Brockengipfels.

Die Brockenbahn mit Lok 99 7240-7 kreuzt den Heinrich-Heine-Wanderweg. *Die HSB-Loks 99 7241-5 (links) und 99 7243-1 (rechts) im Bahnhof Drei Annen Hohne.*

Die Harzer Schmalspurbahnen

Nach der deutschen Wiedervereinigung 1989 wurde am 19. November 1991 die HSB Harzer Schmalspurbahnen GmbH gegründet. 1993 übernahm die HSB die Harzquer-, Selketal- und Brockenbahn von der Deutschen Reichsbahn. Die HSB betreibt neben dem Regelzugverkehr auch Sonderfahrten zwischen Januar und Dezember und den Güterverkehr. Für die Personenfahrten gibt es eine Vielzahl an Familienkarten, Netzkarten und Kombitickets; auf dem Programm stehen auch Nikolaus- und Osterfahrten und Events wie die Rockoper Faust I + II auf Deutschlands höchstgelegenem Bühnenhaus auf dem Brocken, 1146 Meter) mit dem »Mephisto-Express« von Wernigerode zum Brocken. Pauschalangebote für Natur- und Kulturfreunde, Eisenbahnfans und Familien runden das Programm ab. Für die Sonderfahrten mit dem Traditionszug Oldi werden an eine historische Dampflok altertümliche kleine Personenwagen gehängt. Mit an Bord ist eine Reiseleiterin, die Antworten auf alle Fragen gibt, und es werden im Speisewagen harztypische Speisen und Getränke angeboten. Das Bahnbetriebswerk der HSB kann besichtigt werden und es gibt Führerstands-Mitfahrten und Ehrenlokführerkurse für Eisenbahnfans.

Die Lokomotiven der HSB

Für den Reisezugverkehr stehen 25 Dampflokomotiven zur Verfügung, davon sind bis zu zehn gleichzeitig im Reisezugdienst unterwegs. Die gepflegten Veteranen sind täglich im Einsatz und präsentieren über ein Jahrhundert deutsche Lokomotivbau-Geschichte: Von den Mallet-Loks ab dem Jahr 1897 (B´B n4vt) bis zu den stärksten und schwersten Schmalspurlokomotiven Europas aus den Jahren 1955 und 1956. 1917 und 1920 wurden für die Harzquerbahn zwei Heeresfeldbahnloks (C h2, C n2) erworben. Diese Maschinen sind noch immer fahrtüchtig. In den 30er Jahren des vorigen Jahrhunderts sollten Einheitslokomotiven für den Harz gebaut werden. Weil aber die Räder rollen mussten für den Sieg, mussten die zivilen Bahnen zurückstehen. Nur eine Lok wurde gebaut (1´C1´ h2t), die bis heute noch im Einsatz ist. Von 1952 und 1954 wurden 13 neue Loks vom VEB Lokomotivbau Karl Marx in Babelsberg geliefert (1´E1´ h2t). Diese Maschinen sind heute für den Regelverkehr unentbehrlich.

Außerdem stehen zwölf Dieselloks von 1933 bis 1978 zur Verfügung. Von den zehn Triebwagen sei der T 1 erwähnt, der 1933 von der Waggonfabrik Dessau gebaut wurde und heute für Charterfahrten genutzt wird. Wer sich für die Technik interessiert, kann die historische Werkstatt von 1926 erkunden.

HARZER SCHMALSPUR-
BAHNEN HSB
Friedrichstraße 151
38855 Wenigerode
Tel. 0 39 43/55 80
www.hsb-wr.de
Fahrpläne
Winterfahrplan Anfang Dezember bis Ende April, Sommerfahrplan Ende April bis Anfang Dezember

Eine der schönsten Strecken: Die Schwarzwaldbahn

Sie gilt als eine der schönsten und interessantesten Eisenbahnstrecken Deutschlands. Rund 150 Kilometer lang verbindet sie zweigleisig Offenburg mit Singen. Dabei überwindet sie 650 Höhenmeter und passiert 39 Tunnel. Der längste Tunnel ist der Sommerautunnel zwischen Nussbach und Sommerau (1.698,05 Meter), der kürzeste ist der Glasträger-Tunnel III bei Hornberg (18 Meter). Der badische Ingenieur Robert Gerwig (1820 – 1885) schuf mit kühnen Kurven und finsteren Tunneln eine der tunnelreichsten und brückenärmsten Gebirgsbahnen Europas.

Die Schwarzwaldbahn ist die wichtigste Bahnstrecke durch den Schwarzwald und ist neben der Frankenwaldbahn die einzige zweigleisige Gebirgsbahn.

Die Badische Schwarzwaldbahn ist ein Kulturdenkmal des Landes Baden-Württemberg. Das diese abwechslungsreiche Bahnstrecke die Eigenschaften eines Denkmals erfüllt, liegt an der Bedeutung der Bereiche wie Ingenieursbau, Technik, Verkehr, Sozialentwicklung, Wirtschaft und Tourismus.
Im 18. Jahrhundert, im Zeitalter der Postkutschen, mussten die Reisende durch den Schwarzwald eine gute Leibeskonstitution und christliche Geduld mitbringen.

Eine Eisenbahn wird gebaut

Die Schwarzwaldbahn wurde zwischen 1865 und 1873 nach den Plänen von Robert Gerwig (1820 – 1885) erbaut. Schon 1833 gab es Vorschläge für eine Eisenbahn von Mannheim nach Basel und an den Bodensee. Gebaut wurde eine Eisenbahnstrecke im Rheintal, die 1840 ihren

Plakat für die Schwarzwaldbahn, 1920.

Betrieb zwischen Mannheim und Heidelberg aufnahm. Im Jahr 1843 war die Strecke zwischen Heidelberg und Karlsruhe, 1845 bis Freiburg fertig. Ab 1852 fuhren die Züge bis an die schweizerische Grenze. Überall dort, wo es Eisenbahnlinien gab, kam es zu einem wirtschaftlichen Aufschwung. Der Ruf nach einer Schwarzwaldbahn wurde lauter. Trotz verschiedener Eingaben konnte der Staat, dem das Geld für die Eisenbahn fehlte, auch kein Unternehmen finden, das die Strecke mitfinanzierte. Die Eisenbahn erwirtschaftete aus den bestehenden Bahnlinien im Laufe der Jahre große Einnahmen, sodass nach einer Gesetzesvorlage 1863 mit einer Eisenbahnlinie zwischen Offenburg und Hausach sofort begonnen werde sollte. Wurde schon lange und heftig um die neue Eisenbahnlinie gestritten, so waren die Auseinandersetzungen um die Streckenführung durch den Schwarzwald umso heftiger.

Robert Gerwig war es dann gelungen nach einer Überarbeitung der Trassenführung die Behörde zu überzeugen und wurde der oberste Bauleiter. Das Besondere an Gerwigs Plan waren die großen Doppelschleifen bei Triberg, die zum Teil durch Tunnel führten, und die Strecke verlängerten. Diese Doppelschleifen waren einmalig zur damaligen Zeit und fanden Nachahmer in der ganzen Welt.

Der 64 Meter lange Mühlhalde-Tunnel.

Die Kosten für den Bau von Offenburg bis Singen verschlangen rund 50 Millionen Mark, allein die Strecke zwischen Hausach und Villingen kostete über 23 Millionen Mark, das entsprach pro Kilometer 446.000 Mark. Gerwig wurde später ein allzu verschwenderisches Bauen vorgeworfen. Heute zeigt sich, dass Gerwig ein wahres Meisterwerk geschaffen hat.

Eine Lok Bn 2, Baujahr 1887, Gattung Ie (BR 88).

Der erste Zug auf der Strecke zwischen Offenburg und Hausach wurde von der 1A1 n2-Lokomotive Nr. 35, J. G. Tulla, benannt nach dem Rheinbegradiger, Gattung II b, gezogen. Sie wurde 1845 von Kessler in Karlsruhe gebaut und 1854/55 von Breit- auf Normalspur umgebaut. Im Einsatz waren auch 2´B n2-Lokomotiven Gattung III und neben einigen älteren C-Maschinen auch die C n2-Güterzuglokomotiven Gattung VII a und die B n2-Lokomotiven IV a.

Die Schwarzwaldbahn wurde reichlich genutzt, aber auch militärische Gründe führten zum Ausbau des zweiten Gleises. Im Jahr 1888 konnte zwischen Hausach und Villingen die zweigleisige Bahnstrecke eingeweiht werden. Um 1900 nahmen der Personenverkehr und der Güterverkehr kontinuierlich zu. Es dauerte dann aber noch bis zum Dezember 1922, bedingt durch den Ersten Weltkrieg, bis die Schwarzwaldbahn in Gänze zweigleisig befahren werden konnte. Nach der Gründung der Deutschen Reichsbahn 1920 kamen 1922 auch preußische P8-Dampfloks zum Einsatz.

Wichtiger als der Personenverkehr war für die Schwarzwaldbahn der Güterverkehr. So sorgte im Jubiläumsjahr 1973 der erste Zug mit 1.000 Tonnen Kies von Offenburg nach Villingen für Aufsehen. Statt des Güterzugs mit dem Kies hätten 50 Lkw mit der gleichen Menge Kies auf der überlasteten Bundesstraße 33 zu Verkehrsbehinderungen geführt.

Das Ende der Dampflokomotiven

Nach 89 Jahren Dampfbetrieb begann 1955 der Einsatz von Schienenomnibussen Reihe VT 96. 1956 fuhr die erste Diesellokomotive, die V 200 030, auf der Schwarzwaldbahn. Im Herbst 1962 sind die P10 und die übrigen Dampflokomotiven durch die B´B´-Dieselloks der Reihe V 200 verdrängt. Im Teilstreckendienst schlossen sich V 100, neu 211, 212 und 213 an.

Mit der Schwarzwaldbahn wurde Eisenbahn- und Lokomotivgeschichte geschrieben: 89 Jahre Dampfbetrieb und elf Jahre Dieselbetrieb. Von der alten Nassdampf-Zwillings-Lok zur dieselhydraulischen Lok, vom Leistungsbereich um 300 PS zu 2.700 PS, von 60 auf 140 km/h und Fahrzeiten von 4 Stunden und 10 Minuten auf 2 Stunden und 18 Minuten.

Der elektrische Zugbetrieb zwischen Offenburg und Villingen begann ab 1975.

Als ein Problem der Elektrifizierung erwiesen sich die zahlreichen Tunnel der Schwarzwaldbahn. Um Raum für die Stromabnehmer und Fahrleitungen in den Tunneln zu schaffen, mussten umfangreiche Baumaßnahmen vorgenommen werden. Dabei wurden entweder die Gleise 60 bis 80 Zentimeter abgesenkt oder der Tunnelquerschnitt durch Aufweitung des Tunnelgewölbes nach oben vergrößert.

In den siebziger Jahren des vorigen Jahrhunderts wurden mehrere Bahnhöfe und Haltepunkte stillgelegt.

Mit der Bahnreform von 1998 konnten auch private Eisenbahngesellschaften das Schienennetz der Deutschen Bahn benutzen. Die Ortenau-S-Bahn GmbH pendelt zwischen Offenburg über Hausach bis Freudenstadt. Seit 2006 verkehren auf der Schwarzwaldbahn Lokomotiven der Baureihe 146.2 und Doppelstockwagen der vierten Generation mit Mitteleinstiegen. Sie tragen den Namenszug »Schwarzwaldbahn« und sind ausgestattet mit Klimaanlage und Luftfederung.

Erwähnenswert ist auch die Sicherungstechnik der Schwarzwaldbahn. So findet man jede mögliche Form von Stellwerken: in Villingen ist es ein mechanisches, in Triberg ein relaisgesteuertes, und in Immendingen ein elektronisches.

Die Diesellok 220 086-3.

Die Zollernbahn

Wenn es nicht so viele Eisenbahnfreunde gäbe, die die historischen Lokomotiven und Wagen in einen betriebsfähigen Zustand versetzen und unterhalten würden, könnte heute kaum noch jemand mit einer Dampflok durch deutsche Lande fahren und das Dampf-Eisenbahnglück genießen. Die Eisenbahnfreunde Zollernbahn veranstalten Tages- und Pendelfahrten hauptsächlich in Baden-Württemberg – und auf der Schwarzwaldbahn.

Dampflok 01 519, Baujahr 1936 der EFZ.

Zu den Veranstaltungen der Eisenbahnfreunde Zollerbahn gehören auch 37 Tunnelfahrten unter Dampf auf der Schwarzwaldbahn, Fahrten mit dem Schwarzwaldexpress über die steigungsreiche Schwarzwaldbahn. Manche Ausfahrten der Museumsbahn werden unter dem Motto »Dampfspektakel auf der Schwarzwaldbahn« veranstaltet.

EISENBAHNFREUNDE
ZOLLERNBAHN E. V.
Bahnhof 10/1
78628 Rottweil
Tel. 07 41/17 47 08 18
www.eisenbahnfreunde-zollernbahn.de

Die Schwarzwald-Modellbahn

In dem Modellbauanlagen-Museum Triberg werden auf rund 300 qm Ausstellungsfläche Modellanlagen der Firma Faller gezeigt.
Die Besucher können per Knopfdruck eine Interaktion auslösen. Beeindruckend der originalgetreue Nachbau des Triberger Bahnhofs.

TRIBERG-LAND
Hauptstr. 48
78098 Triberg
Tel. 07722 / 86 64 90
www.triberg.de

Ausführliche Informationen zu den Modellbahnen im Buch »Modellbahnland Deutschland. Die schönsten Anlagen«. transpress 2017.

Im Eisenbahnmuseum Schwarzwald in Schramberg werden auf 800 Quadratmetern 900 handwerklich gefertigte Modelle vorgeführt.
www.eisenbahnmuseum-schwarzwald.de

Die Schwarzwaldbahn bei Triberg.

Blick von einem Aussichtspunkt auf die Schwarzwaldbahn.

Der Schwarzwald-Erlebnispfad

Für wanderfreudige Eisenbahnfans gibt es bei Triberg einen Schwarzwaldbahn-Erlebnispfad. Ausgangspunkt ist der Bahnhof Triberg, in dem eine Ausstellung die Geschichte der Schwarzwaldbahn erzählt. Der Pfad mit teilweise spektakulären Aussichtspunkten informiert an 16 Info-Stationen über Bau und Verkehr der Schwarzwaldbahn. Dieser Erlebnispfad besteht aus zwei Etappen von jeweils sechs Kilometer Länge.
www.schwarzwaldbahn-erlebnispfad.de

SCHWARZWALDBAHN
Tourist-Info Triberg
Wallfahrtsstraße 4
78098 Triberg
Tel.0 72 22/86 64 90
www.triberg.de
www.bahn.de

TGV – der französische Hochgeschwindigkeitszug

TGV 4720 im Frankfurter Hauptbahnhof.

Das schwungvolle TGV-Logo.

TGV ist die Abkürzung für Train à Grande Vitesse und bezeichnet den französischen Hochgeschwindigkeitszug. Die französische Staatsbahn SNCF (Société nationale des chemins de fer français) verwendet diese Bezeichnung für die unterschiedlichen Baureihen des TGV und der Geschwisterzüge Thalys und Eurostar International. Die SNCF konnte bereits im Jahr 1955 bei Versuchsfahrten in Südfrankreich einen Weltrekord für Schienenfahrzeuge aufstellen; der Zug erreichte eine Geschwindigkeit von 331 km/h.

Mit den konventionellen Zügen konnte lediglich eine Geschwindigkeit von 145 km/h erreicht werden. Aber man brauchte schnellere Züge. Im Jahr 1972 wurde der Prototyp TGV-001 mit Gasturbinenantrieb getestet. Nicht zuletzt wegen der Ölkrise 1973 und der vielen Kernkraftwerke erschien dann aber die elektrische Traktion preiswerter.

Die erste Bahnstrecke für den TGV wurde zwischen Paris und Lyon gebaut. Zwei Züge konnten bereits 1978 getestet werden und im September 1981 weihte Staatspräsident François Mitterrand die erste Teilstrecke ein. Nach Vollendung der gesamten Strecke zwischen Paris und Lyon reduzierte sich die Fahrzeit um zwei Stunden, was auch daran lag, dass die neue Strecke um 83 Kilometer kürzer ist. Der berühmte TEE Mistral brauchte für die frühere und längere Strecke 3 Stunden und 55 Minuten.

Spare Zeit auf Zeit, Plakat um 1960.

Ein TGV mit Hochgeschwindigkeit.

Es gibt acht inländische Lignes à Grande Vitesse (LGV) der SNCF im regulären Hochgeschwindigkeitsverkehr mit TGV-Zügen:

››› LGV Sud-Est verbindet seit 1982 auf 409 Kilometern Paris mit Lyon.
››› LGV Atlantique verkehrt seit 1989 auf 124 Kilometern zwischen dem Pariser Bahnhof Montparnasse und Courtalain, 53 Kilometer zwischen Courtalain und Connerré bei le Mans, 1990 folgte die 102 Kilometer lange Strecke von Courtalain nach Mons bei Tours.
››› LGV Nord führt seit 1993 auf 333 Kilometern von Paris über Lille zum Eurotunnel bei Calais mit einer Verbindung nach Brüssel und London.
››› LGV Interconnexion Est wurde 1994 eröffnet und ist nur 57 Kilometer lang. Diese Linie umfährt den östlichen Ballungsraum von Paris und verbindet die LGV Nord mit der LGV Sud-Est.
››› LGV Rhône-Alpes ist seit 1993/94 eine Fortsetzung der LGV Sud-Est, die auf 115 Kilometern von Montanay, Flughafen Lyon Saint-Exupéry bis Valence reicht.
››› Seit 2001 folgt die LGV Méditerranée der LGV Rhône-Alpes von Saint-Marcel-lès-Valence bis westlich von Avignon, diese Stecke ist 250 Kilometer lang.

Der Osten Frankreichs wird seit 2007 von der rund 450 Kilometer langen LGV Est Européenne von Paris aus verbunden. Die Neubaustrecke bis Straßburg wurde 2016 eröffnet. Weitere TGV-Züge fahren nach Sedan in der Champagne und Saint-Dié in den Vogesen.

Die rund 140 Kilometer lange Strecke zwischen Ost- und Südfrankreich der LGV Rhin-Rhône wurde 2011 eingeweiht. Weil rund 40 Prozent der Strecke des Ostarmes durch waldreiches Gebiet führen, wurden für die Tiere 37 große Wildbrücken, für kleinere Wildtiere 51 Durchlässe errichtet und für die Amphibien entstanden 27 Tümpel.

Das gesamte Projekt besteht aus drei Streckenarmen. Der Ostarm verbindet die Großräume Mulhouse und Dijon, der Westarm, der den Raum Dijon durchquert und bei Montbard einen Anschluss an den rund 18 Kilometer lange bereits existierenden Dijon-Arm der LGV-Sud-Est herstellt, und dem Südarm, der den Großraum Lyon erfasst. Die beiden letzten Abschnitte befinden sich noch in der Planungsphase.

Das Streckennetz der TGV-Züge erreicht rund 7.000 Kilometer, davon sind über 2.000 Kilometer neu gebaute Strecken. Rund 800 Kilometer befinden sich im Bau und geplant sind rund 2.000 weitere Neubaustrecken.

Die Züge

SNCF und Alstom entwickelten den ursprünglichen TGV, der stets weiterentwickelt wurde. Der TGV fährt heute in verschiedenen Variationen im In- und Ausland. Allen Baureihen ist gemeinsam, dass die Züge aus zwei Triebköpfen (Elektrolokomotiven in einer Sonderbauart und einer angepassten Kastenform) bestehen, dazwischen acht oder zehn Mittelwagen. Die ständige Weiterentwicklung spiegelt sich auch in der Antriebstechnik wider. Der TGV Sud-Est verfügt über Gleichstrommotoren, alle anderen Versionen über Drehstrommotoren. Die Versionen TGV Atlantique, TGV Réseau und TGV Duplex besitzen Synchronmotoren, Eurostar und POS Asynchronmotoren.

TGV in Zahlen

››› TGV-Sud-Est: Länge 200,2 m, Geschwindigkeit 270/300 km/h.
››› TGV Atlantique: Länge 237,5 m, Geschwindigkeit 300 km/h.
››› TGV Réseau: Länge 200 m, Geschwindigkeit 300/320 km/h.
››› Eurostar Class 373: Länge 393,7 m, Geschwindigkeit 300 km/h.
››› TGV Duplex: Länge 200 m, Geschwindigkeit 320 km/h.
››› Thalys PBKA: Länge 200 m, Geschwindigkeit 320 km/h.
››› TGV POS: Länge 200 m, Geschwindigkeit 320 km/h.
››› TGV 2N2 Duplex 4. Generation: Länge 200,19 m, Geschwindigkeit 320 km/h.

Ein TGV Paris Est – Frankfurt Hbf.

Eurostar, Thalys, TGV POS und AVE

TGV-Züge verkehren auch im benachbarten Ausland. Der Eurostar war zunächst ein Projekt verschiedener Bahngesellschaften wie SNCF (Frankreich), SNCB (Belgien), BR (ehemals britische Bahngesellschaft) zum Betreiben der Züge durch den Eurotunnel unter dem Ärmelkanal. Seit 1994 verbinden die Eurostar-Züge das Festland mit London, seit 2007 fast ausschließlich auf Hochgeschwindigkeitsstrecken. So verkürzte sich die Reisezeit zwischen Paris und London auf 2 Stunden 15 Minuten und die Fahrt von London nach Brüssel auf 1 Stunde 51 Minuten.

Es war im Mai 2006, als ein Sonderzug den 1.421 Kilometer langen Weg von London nach Cannes in Frankreich in 7 Stunden 25 Minuten zurücklegte. Das gab einen Eintrag ins Guinness-Buch der Rekorde für die

Die Bahnhöfe

Für die TGV-Züge konnte die Infrastruktur der bereits bestehenden Schnellfahrstrecken benutzt werden, was bei den konkurrierenden Eisenbahntechnologien wie Magnetschwebebahnen nicht gegeben wäre. Auch konnten die TGV-Züge bis zu den Endbahnhöfen in den Stadtzentren mittelgroßer Städte verkehren.

Es gab auch Fälle, wo die Bahnhöfe auf halber Strecke zwischen zwei Städten gebaut wurden. Von hier konnten die Reisenden die nächstgelegene Stadt nur auf der Straße und nicht auf der Schiene erreichen. Der Bahnhof Haute Picardie an der LGV Nord zwischen Amiens und Saint-Quentin ist soweit von den Städten entfernt, dass er spöttisch als »La gare des betteraves« (Bahn der Rüben) bezeichnet wird, weil er inmitten von Rübenfeldern steht.

Andererseits gibt es aber auch architektonische Highlights, wie den Bahnhof Saint-Exupéry TGV am Flughafen von Lyon und den Bahnhof Aéroport Charles de Gaulle 2 TGV am gleichnamigen Flughafen. Gleich einer Kathedrale sieht der Bahnhof Avignon TGV mit seinem 340 Meter langen Glasdach aus.

ICE 3 (Baureihe 407) und ein TGV in Paris.

»längste internationale Non-Stop-Bahnfahrt mit elektrischem Antrieb«.

Die Eurostar-Züge können eine Geschwindigkeit bis 300 km/h erreichen. 2003 wurde mit 334,7 Kilometer pro Stunde ein Geschwindigkeitsrekord für Großbritannien aufgestellt.
Seit 2010 ist die Eurostar International Limited in London der Betreiber der französischen, belgischen und britischen Eurostar-Züge. Die Züge bleiben jedoch Eigentum der jeweiligen Bahngesellschaft.
Die Eurostar-Züge wurden auf Basis der TGV Atlantique entwickelt. Die Sicherheitsanforderungen für den Verkehr durch den Eurotunnel verlangten, dass die Zugsicherungs- und Signalsysteme den drei durchfahrenden Ländern angepasst sein müssen. Die Eurostar-Züge bestehen aus zwei Triebköpfen an beiden Enden des Zugs, wie beim französischen TGV, jedoch mit 14 oder 18 Mittelwagen. Die Passagiere der Eurostar-Züge benutzen ein anderes Terminal als die Bahnreisenden anderer Züge. Wie beim Luftverkehr müssen sich die Reisenden 30 Minuten vor Abfahrt des Zugs am Check-in-Schalter im Eurostar-Terminal mit ihrem Ticket einfinden. Hier finden Pass- und Sicherheitskontrollen statt.

Die Passagierzahlen der Eurostar-Züge haben sich im Laufe der Zeit von 1995 (3 Millionen Passagiere) bis 2016 (10 Millionen Passagiere) stetig erhöht.

Beim Thalys handelt es ich um einen europäischen Hochgeschwindigkeitszug, basierend auf dem französischen TGV. Er wurde für den Schienenverkehr zwischen Belgien, Deutschland, Frankreich und den Niederlanden gebaut und verkehrt seit 1996 auf internationaler Strecke. Die Thalys-Züge sind mehrsystemfähig und mit Zugsicherungssystemen der vier Länder ausgestattet. Die Züge können eine Geschwindigkeit 230 bis zu 300 km/h erreichen. Zwei Varianten sind im Einsatz: Thalys PBA (Paris–Brüssel–Amsterdam) und Thalys PBKA (Paris–Brüssel–Köln–Amsterdam). In Brüssel haben die Reisenden Anschluss an den Eurostar nach London. Zwischen Paris und Brüssel verkehren am Tag rund 25 Züge; sie erreichen dabei eine durchschnittliche Reisegeschwindigkeit von 213 km/h. Die meisten Flugverbindungen zwischen diesen Städten wurden eingestellt.

Der TGV POS (Paris–Ostfrankreich–Süddeutschland) beruht auf den TGV-Réseau- und TGV-Duplex-Zügen, er fährt seit 2007 zwischen Paris, Straßburg, Karlsruhe, Stuttgart und München sowie zwischen Paris, Straßburg, Mulhouse, Basel und Zürich. Die Höchstgeschwindigkeit beträgt 320 km/h. Seit 2012 fahren die TGV POS Züge in einer neuen Lackierung auf der Linie Paris–Lausanne.

TGV und ICE 3 (Baureihe 406) in Paris Gare de l'Est.

TGV – mit Hochgeschwindigkeit durch Europa.

Seit 2013 gibt es eine schnelle Hochgeschwindigkeitsverbindung zwischen Paris, Barcelona und Madrid. Elipsos ist ein gemeinsames Projekt der spanischen (Renfe) und der französischen (SNCF) Staatsbahngesellschaft. Die Verbindungen werden von Elipsos unter der Bezeichnung Renfe-SNCF en cooperatión/en coopération angeboten. Ein TGV verkehrt zwischen Paris und Barcelona. Die spanischen Hochgeschwindigkeitszüge AVE fahren zwischen Madrid, Valladolid, Zaragoza, Figueres, Barcelona, Valencia, Albacete, Cordoba, Sevilla und Malaga. Das spanische Hochgeschwindigkeitsnetz erlaubt Geschwindigkeiten bis 310 km/h.

Mit den DEUTSCHEN ICE-ZÜGEN in die ZUKUNFT

Berlin-Grunewald, Juni 2016: 25jähriges ICE-Jubiläum mit dem ersten ICE 1 (Baureihe 401), ICE 2 (Baureihe 402), ICE 3 (Baureihe 403), ICE 4 (Baureihe 412).

Bereits 1903 erreichte der AEG Triebwagen über 210 km/h und die Dampflok der Baureihe 05 im Jahr 1936 über 200 km/h. Nach dem Zweiten Weltkrieg erreichte 1985 ein Zug mit der Elektrolok 103 003 bei verschiedenen Versuchen über 283 km/h. Weiterentwicklungen hatten sich allerdings nicht bewährt.

Der ICExperimental

Die Deutsche Bahn arbeitete seit 1979 zusammen mit der Industrie an einem Hochgeschwindigkeitszug. Der InterCityExperimental (ICE-V) aus dem Jahr 1985 stellte im Jahr 1988 bei Gemünden mit 406,9 km/h einen neuen Weltrekord bis 1989 auf. In Deutschland wurde diese Geschwindigkeit nie wieder von einem Zug erreicht. Der ICE-V gilt als Vorläufer der heutigen InterCityExpress-Züge. Der ICE-V war für eine Geschwindigkeit von 350 km/h zugelassen, höher als bei allen folgenden ICE-Zügen.

Der ICExperimental bestand aus zwei Triebköpfen der Baureihe 410 und drei Mittelwagen. Dieser Zug fuhr erstmals im September 1985 auf dem Münchner Nordring zwischen Milbertshofen und Olching. Im Oktober des gleichen Jahres fuhr der Zug von Passau nach Minden. Im November 1985 wurde der ICExperimental der Öffentlichkeit vorgestellt. Der vollbesetzte Zug fuhr in Bielefeld ab und erreichte im Streckenabschnitt Gütersloh–Hamm eine Geschwindigkeit von 317 km/h. Das war deutscher Rekord für Rad-Schienen-Fahrzeuge und Weltrekord für Drehstrom-Schienenfahrzeuge. Im November 1986 erreichte der ICExperimental als fünfteilige Einheit eine Geschwindigkeit von 345 km/h. Das war Weltrekord für Drehstromfahrzeuge.

Der ICExperimental wurde auch für zahlreiche Präsentationsfahrten eingesetzt. Höhepunkt einer ganzen Serie von Sonderfahrten für Politiker war eine Fahrt von Bonn nach Dortmund mit Michail Gorbatschow. Es wurden Fahrgäste zwischen Frankfurt und Hannover zur Akzeptanz der Züge befragt. Der ICExperimental diente bis zum Jahr 2000 verschiedenen technischen Untersuchungen.

Im Jahr 1989 begann die Zeit der ICE 1-Triebzüge; der ICExperimental wurde in ICE-V, wobei das V für Versuch steht, umbenannt.

InterCityExperimental

Triebkopf der Baureihe	410
Baujahre	1983 bis 1985
Anzahl	1
Länge	ca. 114 m
Geschwindigkeit	350 km/h

Ein ICE 1 (Baureihe 401) überquert auf der Fahrt von Kiel nach München die 1.450 Meter lange und etwa 100 Meter hohe Fulda-Talbrücke.

Die erste Generation: der ICE 1

Die ersten 23 ICE 1-Züge nahmen 1991 ihren Fahrbetrieb auf. Sie bauten auf den Erfahrungen mit dem ICExperimental auf. Zum ersten Mal wurden nun Hochgeschwindigkeitszüge in Serie hergestellt. Von der ICE-Flotte wurden 60 Züge gebaut und im Fahrbetrieb eingesetzt – bis 1998 ein Zug bei Eschede entgleiste.
Die Triebzüge werden planmäßig mit zwei Triebköpfen (Baureihe 401; vereinzelt auch mit Triebköpfen der Baureihe 402) und bis zu 14 Mittelwagen gebildet. Die Züge konnten eine Länge bis zu 411 Meter erreichen und sind

Ein ICE 1 (Baureihe 401) in Frankfurt am Main Hbf, im Hintergrund Teil der Skyline.

die längsten ICE-Einheiten. Eine Trennung der Züge war nicht vorgesehen, außer in der Werkstatt. Die Triebköpfe erhielten die Nummerierung: 401 001 – 019, 051 – 090 und 401 501 – 520, 552, 590.

Der Bau des ICE 1 war nicht unumstritten: Der französische Hersteller Alstom (früher Alsthom) warf Deutschland vor, durch intensive Investitionen den europäischen Schienenverkehr beherrschen zu wollen. Die Franzosen fanden die Entwicklung von zwei Hochgeschwindigkeitszügen für Europa zu teuer, Deutschland solle sich lieber an den Entwicklungskosten des französischen TGV beteiligen. Die DB unternahm von 2005 bis 2008 bei den 59 ICE 1-Zügen ein vielfältiges Modernisierungsprogramm, Aufbau und Innenausstattung wurden erheblich verbessert, wodurch die Züge in den folgenden Jahren den gestiegenen Ansprüchen genügen sollten. Die Mittelwagen des ICE 1 sind kompatibel mit den Triebköpfen des ICE 2.

Der ICE Sprinter

Nach den ersten beiden Neubauten der Hochgeschwindigkeitsstrecken Hannover – Würzburg und Mannheim – Stuttgart wurde zum Fahrplanwechsel am 1. Juni 1992 der ICE als Sprinter zwischen Frankfurt am Main und München eingesetzt. Diese Züge fahren seitdem zwischen den deutschen Metropolen mit nur wenigen Zwischenhalten. Da die Fahrzeiten unter vier Stunden liegen, werden die Sprinter besonders von Geschäftsleuten genutzt, die morgens gegen 6 Uhr den Zug besteigen, um am Vormittag ihr Ziel zu erreichen. Am frühen Abend fahren die Sprinter in entgegengesetzte Richtung.
Mit dem Fahrplanwechsel im Dezember 2016 pendeln ein ICE- und ein TGV-Sprinter-Zugpaar zwischen Frankfurt am Main und Paris.

Der ICE-S auf der Schnellfahrstrecke Halle/Leipzig – Erfurt.

ICE 1

Baureihe	401
Nummerierung	Tz 101 – 120, 152 – 190
Anzahl	59 (60 gebaut)
Baujahr	1989 bis 1993
Länge	ca. 410 m
Geschwindigkeit	280 km/h

Die zweite Generation: der ICE 2

Schon kurz nach der Inbetriebnahme von ICE 1 plante die DB eine zweite Generation der ICE-Züge. Es hatte sich herausgestellt, dass die langen ICE 1-Züge zu unflexibel einsetzbar waren. 1993 bestellte die DB 44 ICE 2-Halbzüge (ca. 200 Meter lang). Ein ICE 2-Halbzug mit einem Triebkopf, sechs Mittelwagen und einen antriebslosen Steuerwagen war eine gelungene Lösung.

Start der ICE 2-Züge war 1996. Da standen aber noch keine Steuerwagen zur Verfügung. Deshalb stellte man Langzüge wie beim ICE 1, bestehend aus zwei Triebköpfen und neun Mittelwagen zusammen. Im Mai 1998 fuhr der letzte ICE-2-Langzug, als die ICE 2-Züge zwischen Berlin–Hamm–Düsseldorf und Bonn verkehrten. ICE 2-Züge fahren heute von und nach Berlin, dazu gehören auch die Neubaustrecken Hannover–Würzburg, Mannheim–Stuttgart und Hannover–Berlin.
Nachdem die ICE 2 über 14 Jahre in Betrieb waren, kam es zu einer Generalüberholung, um die 44 Hochgeschwindigkeitszüge fit für die kommenden 15 Jahre zu machen. Die Modernisierung endete 2013.
Gegenüber den ICE 1-Zügen bieten die ICE 2-Züge eine komfortablere Reise, trotzdem ließ die DB eine neue Generation von Hochgeschwindigkeitszügen entwickeln – den ICE 3.

ICE 2

Baureihe	402
Nummerierung	402 001 – 046
Anzahl	44
Baujahr	1995 bis 1997
Länge	200 m
Geschwindigkeit	280 km/h

Ein ICE 2 (Baureihe 402), »Bergen auf Rügen«, auf der Fahrt von Berlin-Ost nach München.

Die dritte Generation: der ICE 3

Die Züge sollten immer schneller werden. Gewünscht waren ICE-Züge, die eine fahrplanmäßige Geschwindigkeit von 300 km/h erreichen können. Ein anderer Grund waren die europäischen Kompabilitätsvorgaben und die technischen Anforderungen. Mit dem Fahrplanwechsel im Dezember 1995 fuhren die ersten ICE 3-Züge zwischen Frankfurt am Main, Köln und Amsterdam. Es gibt verschiedene Baureihen der ICE-3-Hochgeschwindigkeitszüge. Sie sind die schnellsten Reisezüge Deutschlands mit einer zugelassenen Höchstgeschwindigkeit von 330 km/h.

Die ICE 3-Züge entwickelten sich zum Exportschlager; sie fahren auch in den Nachbarländern wie Dänemark, Niederlande, Belgien, Frankreich, Schweiz und Österreich. In den Endwagen der ICE 3-Züge befindet sich jeweils ein Panoramaabteil (Lounge) der 1. und 2. Klasse mit einer Trennscheibe zum Führerstand. So können die Fahrgäste den Panoramablick genießen und dem Zugführer über die Schulter schauen. Die Trennscheibe kann bei Bedarf verdunkelt werden.

Alexander Feigl, Lokführer auf ICE 406 011-7.

Ein ICE 3 (Baureihe 406) in Frankfurt am Main Hbf mit »Scheibenwischer«.

Das Besondere an den ICE 3-Zügen ist der über den gesamten Zug verteilte Unterflurantrieb. Dabei werden vier von acht Wagen des etwa 200 Meter langen Triebzugs angetrieben, auf Triebköpfe wurde verzichtet. Die Züge der Baureihe 403 fahren ausschließlich in Deutschland. 17 der hergestellten Züge der Baureihe 406 (auch ICE 3M) sind auch fürs Ausland geeignet. Sie verkehren nach Paris, Amsterdam und Brüssel. 2013 wurde die Baureihe 407 (Velaro D; D steht für Deutschland) in Betrieb genommen.

Exportschlager Velaro

Velaro ist ein Kunstwort aus dem spanischen Velocidad Alta. Velaro ist eine eingetragene Marke der Siemens AG. Diese Züge basieren auf dem ICE 3. In Spanien fährt der Velaro E (E steht für España) für die spanische Staatsbahn RENFE. Die Reisegeschwindigkeit beträgt 350 km/h. Im September 2010 erreichte dieser Zug eine Geschwindigkeit von 403,7 km/h – bis dahin der weltschnellste serienmäßig hergestellte Zug.

Ein ICE 3 (Baureihe 406) in Frankfurt am Main Hbf.

Ein ICE 3 (Baureihe 406) bei Einfahrt in Frankfurt am Main Hbf.

Ein ICE 3 (Baureihe 406) in Frankfurt am Main Hbf.

Der Velaro TR (TR steht für Türkei) verkehrt seit 2015/2016 zwischen Ankara und Konya.

In Russland verkehrt der Velaro RUS (sein Name lautet Sapsan, Wanderfalke: schnellster Vogel der Falkenfamilie) auf Breitspur und ist den besonderen klimatischen Bedingungen angepasst. 2004 fuhr der damalige Bundeskanzler Gerhard Schröder mit dem russischen Präsidenten Wladimir Putin in einem ICE 3 von Dortmund nach Düsseldorf. Anlass war die Bestellung von 60 Velaro RUS durch die Russische Staatsbahn.

Der Velaro CN (CN steht für China) fährt dort unter der Bezeichnung CRH3 auf der Schnellfahrstrecke Peking–Tianjin und Wuhan–Guangzhou. Im Januar 2011 erreichte der CRH3 eine Geschwindigkeit von 487 km/h – ein neuer Weltrekord für serienmäßig hergestellte Züge. Auch die Hochgeschwindigkeitszüge vom Typ CRH2 verkehren dort.

Der Velaro 320 ergänzt seit 2015 die Zugflotte durch den Eurotunnel. Er verkehrt zwischen Großbritannien, Frankreich und Belgien.
Das Design des Velaro wurde mit dem Red Dot Design Award, Kategorie Product Design 2015, ausgezeichnet.

Nachbau der Lok »Adler« und originalgroßes Modell für ICE 3, 1977, im DB Museum Nürnberg.

Einweihungsfeier der ICE-Wartungshalle Krefeld mit Taufe des ICE 3 auf den Namen »Krefeld« am 21. November 2003.

ICE 3

Baureihen	403, 406, 407
Anzahl (403)	50
Anzahl (406)	17 gebaut, 16 in Betrieb
Anzahl (407)	17 gebaut 12 in Betrieb
Länge	200,84 m
Geschwindigkeit	330 km/h

Züge mit Neigetechnik: ICE T und ICE TD

Die Deutsche Bahn ließ für kurvenreiche Strecken den Hochgeschwindigkeitszug ICE T (T steht für Triebzug/Triebwagen), Baureihen 411 und 415, entwickeln mit Oberleitungsbetrieb und den ICE TD (TD bedeutet Triebzug Diesel) mit dieselelektrischem Antrieb. Der ICE TD kam auf nichtelektrifizierten Strecken zum Einsatz. Diese Züge mit Neigetechnik sind nicht für den Einsatz auf Hochgeschwindigkeitsstrecken, sondern auf Ausbaustrecken ausgelegt. Die Neigetechnik kommt hier zum Einsatz, weil die Ausbaustrecken kurvenreicher sind.
Die DB bestellte im Jahr 1994 40 ICE T-Triebzüge mit Neigetechnik für den Intercity- und Interregio-Verkehr.

Blick aus dem Führerstand eines ICE T, Ausfahrt Leipzig Hbf.

Die Züge sollten als Zubringer und Ergänzung für das Intercity-Express-Netz der DB beschafft werden. Vom ICE T gibt es drei Varianten: elf Züge mit fünf Wagen (Baureihe 415) und 32 Züge mit sieben Wagen (Baureihe 411, 1. Bauserie) und 28 siebenteilige Züge der 2. Bauserie, die 2005 und 2006 ausgeliefert wurden. Beide Baureihen erreichen eine Höchstgeschwindigkeit von 230 km/h.
2009 wurde der Triebwagen des ICE T mit Werbung für Werder Bremen beklebt, als der Verein Pokalsieger wurde. Der gleiche Triebzug verkehrte als Sonderzug zwischen Bremen und Berlin zum Austragungsort des Finales. Als der brasilianische Präsident da Silva Deutschland besuchte, fuhr er an Bord des ICE T von Berlin nach Hamburg.
Seit 2006 fahren die ICE T-Züge planmäßig auch in Österreich, Baureihe (4011). Die Züge der Baureihe 415 sind die kürzesten Züge des ICE T. Sie werden hauptsächlich als Verstärkung mit einer siebenteiligen Einheit eingesetzt. Sie fuhren mit zusätzlicher Ausrüstung zum Befahren des Schweizer Streckennetzes in der Schweiz. Ab Mitte der neunziger Jahre des vorigen Jahrhunderts wurden zwanzig ICE TD-Züge der Baureihe 605 hergestellt (TD bedeutet Triebzug Diesel). Dieser Zug erreichte 2000 bei Testfahrten 222 km/h, ein neuer deutscher Rekord für Dieseltriebzüge.

ICE T

Baureihe	411, 4011, 415
Nummerierung	411 001 – 032 (1. Bauserie)
	05 – 078 (2. Bauserie)
	080 – 084 (Mehrsystem Schweiz)
	4011 090 – 092 (ÖBB)
	415 001 – 006, 020 – 024
Anzahl	411: 60, 415: 11
Baujahr	ab 1996
Länge	411: 184,4 m; 415: 132,6 m
Geschwindigkeit	230 km/h

Ein neuer ICE 4 im Bhf Berlin-Südkreuz.

In die Zukunft mit dem ICE 4 (ICx)

Die ersten ICE 4-Züge (ICx) werden seit Ende 2017 im Personenverkehr als Triebzüge ohne Lokomotive eingesetzt. Im Unterschied zu allen ICE-Zügen werden die mit rund 28 Metern längeren Wagenkästen aus Stahl hergestellt. Dabei wird erstmals im Stahl-Schienenfahrzeugbau die Laserschweißtechnik angewendet. Vorgesehen sind siebenteilige Triebzüge mit drei angetriebenen Wagen, Länge 200 Meter, mit einer Höchstgeschwindigkeit von 230 km/h; zwölfteilige Triebzüge mit sechs angetriebenen Wagen, Länge 346 Meter, Höchstgeschwindigkeit 250 km/h. Anders als bei den vorherigen ICE-Baureihen werden die ICE 4-Züge über mehrere eigenständig angetriebene Wagen, so genannte Powercars, die über die Zuglänge verteilt sind, angetrieben. Vorgesehen sind nur Großraumwagen und Familienabteile, reguläre Abteile gibt es nicht mehr, weil sie schon seit den 80er Jahren des vorigen Jahrhunderts kaum noch gefragt waren.

Die Verträge und Konzeption der Züge mussten mehrmals überarbeitet werden. Im April 2017 wurden 19 siebenteilige Einheiten und 100 zwölfteilige Einheiten bestellt.

Im September 2016 wurde der ICE 4 offiziell auf der unteren Ebene des Berliner Hauptbahnhofs vorgestellt. Zum ersten Mal wurde ein Triebzug auf den Namen einer Person getauft; Martin Luther heißt der erste ICE 4. Seit Dezember 2017 ist die Hochgeschwindigkeitsstrecke Berlin–München fertig, die Fahrzeit liegt unter vier Stunden. Die Züge fahren über 29 Brücken und durch 22 Tunnel mit bis zu 300 km/h. Das verkürzt die Fahrten auch für Reisende aus Leipzig, Dresden, Halle und Erfurt. Auch die Städte Frankfurt am Main, Hamburg und Stuttgart profitieren davon. Der Knotenpunkt Erfurt werde »die schnellste Mitte Deutschlands«. Die Produktion der ICE 4-Züge soll 2023 abgeschlossen sein.

ICE 4

Baureihe	412
Baujahr	ab 2017
Geschwindigkeit	230 km/h (siebenteilig)
Geschwindigkeit	250 km/h (zwölfteilig)
Länge	200 m (siebenteilig)
Länge	345,7 m (zwölfteilig)

Veranstalter von Bahnreisen

AKE-Eisenbahntouristik
Jörg Petry
Kasselburger Weg 16
D-54568 Gerolstein
Tel. 0 65 91/94 99 87 00
www.ake-eisenbahntouristik.de

Alegroreisen
Seidel & Lippmann GbR
Pappelallee 78/79
D-10437 Berlin
Tel. 030/98 60 63 14
www.alegroreisen.com

Bahnreisen Sutter
Adlerweg 2
D-79856 Hinterzarten
Tel. 0 76 52/91 75 81
www.bahnen.info

City Reisebüro Udo Hell GmbH
Rathausstraße 24
D-66914 Waldmohr
Tel. 0 63 73/81 17 0
www.crb-hell.de

CRD International GmbH
im stilwerk Hamburg
Große Elbstraße 68
D-22767 Hamburg
Tel. 040/300 61 60
www.crd.de

Lernidee Erlebnisreisen GmbH
Kurfürstenstraße 112
D-10787 Berlin
Tel. 030/7 86 00 00
www.lernidee.de

My Highlands
Stephan Goldmann
Agricolastraße 53a
D-80686 München
Tel. 0177/6 08 50 17
www.myhighlands.de

WEITERE INTERESSANTE BÜCHER ZUM THEMA

Eisenbahnreisen – Fernweh auf Schienen
Ob an Bord des Eurostars von London nach Paris oder mit dem Serra Verde Express durch den brasilianischen Regenwald: Mit über 200 Farbfotografien führt dieses Werk den Leser zu den faszinierendsten Bahnlinien der Welt.
224 Seiten, 210 Abb., 290 x 213 mm
ISBN 978-3-613-71605-6
€ 29,90 / € (A) 30,80

Abgefahren – Zugreisen, die man nicht mehr machen kann
Anthony Lambert berichtet über stillgelegte doch bis heute legendäre Bahnlinien, deren einzigartige Geschichten der bekannte Autor nach Kontinenten geordnet anschaulich erzählt, unterstützt von nostalgischen Erinnerungen.
208 Seiten, 180 Abb., 210 x 240 mm
ISBN 978-3-613-71592-9
€ 29,90 / € (A) 30,80

Mit Volldampf um die Welt – Dampflokpirsch mit Fernweh
Die Faszination der Dampflok führte den Niederländer Edward H. Broekhuizen in den letzten Jahrzehnten um die ganze Welt. Auf diesen Reisen entstanden eindrucksvolle Fotos von den letzten Dampfloks auf fast allen Kontinenten. Die schönsten Aufnahmen wählte er für diesen Bildband aus.
176 Seiten, 200 Abb., Format 230 x 265 mm
ISBN 978-3-613-71640-7
€ 29,90 / € (A) 30,80

Legendäre Loks & Züge aus zwei Jahrhunderten – Auf Schienen um die Welt
Der bekannte Autor Brian Solomon stellt eine Auswahl der weltweit bedeutendsten Züge und Lokomotiven der letzten zwei Jahrhunderte aus über 30 Ländern vor. Sie reicht von nordamerikanischen Dampf- und Dieselloks bis hin zu hochmodernen elektrischen Güter- und Nahverkehrszügen.
192 Seiten, 200 Abb., Format 216 x 280 mm
ISBN 978-3-613-71612-4
€ 29,90 / € (A) 30,80

Leseproben zu allen Titeln auf unserer Internetseite

Stand Juli 2022
Änderungen in Preis und Lieferfähigkeit vorbehalten.

Überall, wo es Bücher gibt, oder unter
WWW.MOTORBUCH-VERSAND.DE
Service-Hotline: 0711 / 78 99 21 51

www.facebook.com/MotorbuchVerlag